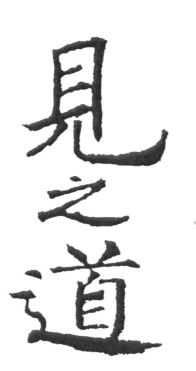

見之道

修學佛法最先要知道的是什麼

根松仁波切◎著

欽寺道果大殿供奉的金剛持、當曲登巴尊者銅像和祖師靈塔

從德欽山俯瞰瓦拉五明佛學院和瓦拉寺

江源大白塔前，根松仁波切出關照（1980 年）。

根松仁波切在勝樂金剛閉關道場（1980 年代）。

松仁波切閉關入定時，紅色袈裟自然呈現藍，侍者拍下了這珍貴的照片（1980 年代）。

稱多縣顯宗寺僧眾跳格薩爾迎請根松仁波切

根松仁波切家鄉玉樹稱多的信眾金剛道舞供養

拉五明佛學院全景

2010 年玉樹地震後，根松仁波切修復重建的玉樹稱多縣空行道場和兩百餘座菩提塔。

善知識系列　JB0078

見之道：修學佛法最先要知道的是什麼

作　　　者／根松仁波切
副　主　編／劉芸蓁
行　　　銷／劉順眾、顏宏紋、李君宜

總　編　輯／張嘉芳
出　　　版／橡樹林文化
　　　　　　城邦文化事業股份有限公司
　　　　　　台北市民生東路二段 141 號 5 樓
　　　　　　電話：(02)25007696　傳眞：(02)25001951
發　　　行／英屬蓋曼群島家庭傳媒股份有限公司城邦分公司
　　　　　　台北市民生東路二段 141 號 2 樓
　　　　　　書虫客服服務專線：(02)25007718；(02)25007719
　　　　　　24 小時傳眞專線：(02)25001990；(02)25001991
　　　　　　服務時間：週一至週五上午 09:30 ～ 12:00；下午 1:30 ～ 17:00
　　　　　　劃撥帳號：19863813；戶名：書虫股份有限公司
　　　　　　讀者服務信箱：service@readingclub.com.tw
　　　　　　城邦讀書花園網址：www.cite.com.tw
香港發行所／城邦（香港）出版集團有限公司
　　　　　　香港灣仔駱克道 193 號東超商業中心 1 樓
　　　　　　電話：(852)25086231　傳眞：(852)25789337
　　　　　　E-mail：hkcite@biznetvigator.com
馬新發行所／城邦（馬新）出版集團【Cite(M) Sdn.Bhd.(458372 U)】
　　　　　　11, Jalan 30D/146, Desa Tasik, Sungai Besi,
　　　　　　57000 Kuala Lumpur, Malaysia
　　　　　　電話：(603)90563833　傳眞：(603)90562833

版面構成／歐陽碧智
封面完稿／塵世設計
印　　刷／韋懋實業有限公司

初版一刷／ 2011 年 10 月
ISBN ／ 978-986-6409-24-0
定價／ 330 元

城邦讀書花園
www.cite.com.tw

國家圖書館出版品預行編目資料

見之道：修學佛法最先要知道的是什麼 / 根松仁波
　切著 . -- 初版 . -- 臺北市：橡樹林文化，城邦文
　化出版：家庭傳媒城邦分公司發行, 2011.10
　　面；　公分 . -- （善知識系列；JB0078）

　ISBN　978-986-6409-24-0（平裝）

　1. 藏傳佛教　2. 佛教修持

226.965　　　　　　　　　　　　　100019571

目錄

根松仁波切
傳記

簡　傳

敬禮上師！

　　具德上師一切所作行

　　雖一剎那亦不生邪見

　　恭敬勝解所作見皆善

　　祈願上師加持心相契

　　時值末法，得遇上師如意寶根松仁波切，實是我們漢地顯密弟子之無量福份。仁波切與漢地有著甚深因緣。到漢地幾十年來，廣結法緣，所到之處人天歡喜，見聞者無不受其殊勝加持。為使更多眾生得聞仁波切之廣大法行而萌生淨信，敬仰佛法，證悟菩提，今將仁波切前世的殊勝功德、今世的生平事蹟及修證、弘法的過程輯成略傳，願諸有情，共霑法益！

傳　承

　　根松仁波切從諸多大成就者處得到各宗派之無垢傳承。尤其是從無上金剛上師約日仁增曲培仁波切處得到真實四灌頂，以及大威德、喜金剛等竅訣法要；從無上瑜伽師秋英多傑仁波切處得到大圓滿、大手印和合修持的心要，以及文殊幻化網等灌頂及傳承法要；從無上金剛上師噶瑪慈成仁波切處得到大手印真實了義法和本尊勝樂金剛、金剛亥母等諸多灌頂及法要，並授予不共傳承親筆證書，以及法器、法帽等信物。

　　在薩迦傳戒堪布無上金剛上師囊文曲培松保仁波切處得到本傳承的道果心子論、不共道果、空行母、持刀大黑苯、長壽佛等的灌頂，以及前世當曲登巴尊者的竅訣心要，並授為本傳承第四十代傳承上師。尤其殊勝的是利美不共心子傳承：從第一世利美法王蔣揚欽哲旺波→蔣揚洛德旺波→當曲登巴→囊文

曲培松保→根松仁波切。從第三世利美法王宗薩蔣揚土登曲傑江措仁波切處受四大續部本尊灌頂，以及利美傳承之祈請上師頌等法要。

得到寧瑪派歇欽堪布和噶舉派嘉賽仁波切傳授及引導《大圓滿極勝心要三寶總集蓮師心意合修法》（此法包括不共前行、生圓次第及圓滿心要，為掘藏大師仁增江措寧波的掘藏法）。

著名的掘藏大師秋英林巴也以法主形式傳贈仁波切大圓滿心要三部、紅觀音掘藏法與金剛薩埵圓滿修行法等（在他的掘藏法中，蓮師授記仁波切為一百零八位法主中第二位主要法主，由此掘藏師祈願仁波切廣弘諸法）。

接受頂果欽哲仁波切單獨傳授大圓滿心要，並得到普巴金剛灌頂。從第三世蔣貢康楚仁波切處受時輪金剛灌頂，並接受大手印無上頗瓦法的傳承法要。從格魯派拉布寺主持活佛松那哲摩仁波切處得到大威德灌頂，以及格魯派一些修行密要。在蘭州，受到第十世班禪仁波切的單獨接見，並得到阿彌陀佛灌頂和《菩提道次第廣論》的簡易引導。在薩迦總堪布祿頂堪仁波切處受馬頭金剛灌頂，並單獨得到道果心要簡易引導。

給予仁波切灌頂、傳法的大恩上師共有三十餘位。

前世：西康一代宗師

眞實普賢金剛持

圓滿法爾無量尊

我等無明諸有情

祈賜明覺如來智

量等普賢金剛持

當曲登巴聖賢師

圓滿功德無量智

祈願與師心相印

　　根松仁波切的前世，就是被譽為「西康一代宗師」的當曲
登巴尊者。在諸多大成就者的傳記中都有關於當曲登巴尊者的

記載：在釋迦佛轉法輪時，他是上首弟子舍利弗尊者；在印度的八十四瑜伽大成就者中，他是古古日巴；在蓮師二十五位大成就弟子中，他是寧文登真松保……；其後他又是噶舉掘藏大師仁增江措寧波等的應化身。

　　當曲登巴尊者的前兩世均為薩迦派主要的傳承上師，他的弟子中有許多大成就者。

　　當曲登巴尊者是終身閉關的大成就者，一八八一年出生在康藏德格一個普通家庭。六歲時在薩迦瓦拉寺剃度出家，後跟隨引導他證悟空性的根本上師蔣揚洛德旺波修行。洛德旺波乃文殊菩薩的化身、第一世利美法王的心子，也是第二世利美法王的根本上師。因此，當曲登巴尊者與二世利美法王有著殊勝的法緣關係。洛德旺波上師對當曲登巴說：「你是大成就者的化身，有大福報」，並告訴他前幾世的殊勝成就。當時尊者只是一個普通僧人。

　　尊者在瓦拉寺閉關苦修期間，曾因乾糧耗盡，幾乎餓死。因念生死無常，修證未果，沒有出關尋食。就在他快餓昏時，自性緣起的護法大黑苯與吉祥天母現身為他護持。當晚，距閉關處不遠的一位男子在房裡突然感到有人躍上房頂，不停地踩踏，窗外又有一女聲喊：「當曲登巴要餓死了，快送飯去

吧！」他出門一看，只見兩個巨大的身影一閃而過。第二日，他疑惑地提飯來到尊者的閉關處，果然發現他已餓昏過去。此事後來就傳揚開來了。

有大成就者說：「真正修行的人，護法是不離左右護持他的。」事後，尊者豁然覺悟了法性。聽從上師的安排，尊者曾在江達縣沙拉囊中山閉關修行，在定中親見許多本尊，獲得了證量。閉關洞內上方的一個小洞口變大，成為蓮師的壇城，蓮師現身為其說法。他曾用手掌將樹枝打入堅硬的岩石近一尺，以此表證悟空性，至今仍有遺跡可尋。他在閉關洞內修了一座菩提塔，掘藏了一眼泉水，還在閉關洞內外造了七間閉關房，為後來的修行者提供了生活上的方便。此外，又在洞口掘藏了一個石螺，遇風則響起螺號，法音長鳴。

後來，上師讓尊者在瓦拉寺附近、離螺號聲近的地方另建一座寺院，院址選定在德欽山，於是就有了瓦拉德欽寺。

成就後，尊者在眾多弟子祈請下回到瓦拉德欽寺，帶領弟子終身閉關。他的加持具有不可思議的功德。一位婦人三十歲那年遭遇生命違緣，諸多藏醫斷言其將不久於人世，她在得到尊者的延壽加持後得以康復，而且至今依然健在，已有一百二十七歲高齡。在藏地，有眾多像她這樣受尊者加持而得

救度的眾生。由此，尊者的名聲傳揚到西康各地。西藏嘎夏政府官員多次慕名前來拜見尊者。若見他們一路排場而來，尊者必然閉門不見，官員們只好放下排場，悄悄從山下磕頭上來拜見。

民國二十餘年，國民黨元老戴季陶的夫人得了不治之症，漢地一高人指點說西康有位大德能治癒此病。當時的西康省長劉文輝及當地許多成就者均推舉當曲登巴尊者。此前，尊者已預知此事，就派大弟子班燈曲培前往漢地代他治病灌頂，自己則在定中加持，把病治好了。政府準備封班燈曲培為一代宗師，他連忙推辭說：「這都是我的上師在定中加持的功德，我連上師的一根毫毛都比不上。」

時任民國總統蔣中正先生聞知此事後，對尊者生起極大信心，不但捐給尊者大量的藏幣（僅僅西康政府就捐了十三萬藏幣），還欲請尊者到南京為他灌頂，拜做自己的上師。尊者在定中觀當時的因緣之後，就推辭未去。蔣先生只好以廣大供養表達崇敬之情，派專人擴建瓦拉德欽寺。尊者將眾人的供養如數用於刻印大藏經（甘珠、丹珠）及各傳承修法的刻版，並親自主持整個刻經工程，由三百位刻經工匠歷經三十年日夜不停地篆刻，終於完成了全套大藏經以及各傳承修法的刻版，規

模之大可與德格印經院媲美。能在尊者有生之年完成此項大功德，這在西藏歷史上實屬罕見。

　　一九五二年，中國宗教政策相對寬鬆，各派均呈興盛之象，然而尊者卻預見到不久後，瓦拉寺和瓦拉德欽寺都將成為廢墟。他囑咐侄兒說：「過兩年，我就要走了，到文殊淨土去，四年內不轉世。我的身體不動不燒，留下來讓山神土地安心。我和眾生結了緣，四年後再來，你需親手將寺院恢復，那時我才會回寺。」果然，後來西藏各處寺院皆在動亂中被毀，瓦拉寺與德欽寺也未能倖免。

　　一九五四年，當曲登巴尊者圓寂，享年七十四歲。他一生閉關修行，實修實證，對於本尊空行母的修證和空行母法的引導文尤為殊勝。他弘法利生，廣結法緣。西康德格寺、多圖寺、瓦拉寺、登多寺、當圖寺等寺院的轉世活佛、堪布及僧人中，均有尊者的親傳弟子。薩迦寺一帶傳道果法的傳承上師洛嘎仁波切也是他的弟子。他的心子則是薩迦傳承在中國唯一的傳戒堪布囊文曲培松保。

　　由於尊者的無量功德，被西藏嘎夏政府、德格、甘孜、昌都等千戶尊為一代宗師。有關當曲登巴尊者的事蹟，在其藏文傳記中有詳細的記載。

轉　世

　　一九五八年藏曆二月二十一日，正值普賢菩薩誕辰日，伴隨著諸多瑞相，一個皮膚白晰的嬰兒降生在西康玉樹州稱多縣下莊村，親人們都說他與當曲登巴尊者極為相像，接生婆為他取名為拉巴（意為像佛）。這個嬰兒就是當曲登巴的轉世——根松仁波切。

　　仁波切父名然洛，母名達瓦卓瑪，母親家族一系出了許多大成就者，家族的根本上師是歷代利美法王。早在母親十四歲時，就有一位大圓滿傳承的成就瑜伽士瓦喇嘛預言，將來她的大兒子是大成就者的轉世。後來母親結婚生子，在懷胎時，又有一位修大手印的大德嘎果喇嘛到家中，聲稱要來拜見大成就者，並說母親腹中胎兒正是此成就者的轉世。

　　一九五七年第二世利美法王蔣揚欽哲確吉羅卓前往印度，中途經過時，亦對母親的哥哥說：「當曲登巴就在你妹妹的肚子裡」，並親筆寫下活佛認定書交給他。

成　長

　　根松仁波切出生後因年紀尚幼，未被接回寺院。由於當時的社會環境，家人隱瞞了仁波切的活佛身份。

　　仁波切生性聰慧，一、二歲時無人教授就會念六字大明咒、蓮師根本咒、阿彌陀佛心咒等，總在不經意間咒音隨口而出，並常見到諸佛菩薩的瑞相，且心地慈悲。一歲多時，家中還算富足，父母常佈施飯菜給窮人，其中一位是孤兒，幼小的仁波切總愛搶他罐中的剩飯剩菜來吃，而把家裡的好飯菜讓給孤兒。至今回想，仁波切仍記憶猶新，稱此為兒時記憶中印象最深刻的事。

　　五、六歲時，他開始幫家裡放牛。白天放牛，晚上便偷偷到當時正挨批鬥的僧人生格那裡學習藏文，並在佛法方面得到他的慈悲傳授。十歲上小學，因資質聰穎，四、五個月後便躍級上四年級，且成績優異。後因社會動盪，又被知曉其活佛身份，使父親受到批鬥。仁波切只好告別校園，參加生產勞動。

十四歲就力量過人，能輕鬆舉起一輛馬車，十六歲時能舉起三百斤重物，讓人驚歎！

那時，仁波切常見到有異相現前，由於當時的社會環境，因此不敢跟別人說。一日傍晚，勞動之餘，他突然看到遠處過來一個影子，到了眼前時就像山一樣高，並且伴隨著巨大的喝問聲，一記重拳擊在仁波切眉間，他頓感全身酸麻無力，隨後影子也消失無蹤。此後，他就覺得渾身不適，頭痛難忍，被送到州上治病。其間看到昔日同窗多在勤奮讀書，就下定決心繼續求學，改名換姓第二次考學得中。又念了三年書，分配在大隊學校任教。

由於他的盡心栽培，培養出一批品學兼優的學生，受到表彰，被調到公社學校擔任校長，並於當時成家。一九八二年，仁波切被評為全國優秀教師，曾到漢地十一省市參觀學習。

文革期間，仁波切目睹當地一位在家的大成就者，醫術高明，診治疑難雜症，救人無數，因而深受啟發，也想多做利益眾生的事，才不枉為轉世活佛。於是自學藏醫書籍，為人治病，並發願為病人解除病苦，不收任何醫藥診治費。時至今日，仁波切已行醫二十餘載，具有藏醫主治醫師的職稱，但從未收過病人一毛錢的醫藥診療費。

修 行

　　一九八一年國家宗教政策開放，許多僧人紛紛受戒出家。仁波切因自己修行未果，沒有公開活佛身份，決定先尋找上師，好好修持，待有一定成就後再回寺院。於是他一邊任教一邊修法，在六個月內完成了四加行。他的第一位上師是寧瑪派歇欽堪布，第一次傳法就傳授仁增江措寧波掘藏的法：《大圓滿極勝心要三寶總集蓮師心意合修法》。此後，仁波切一直修習此法。其間斷續閉關，時間多選在學校放假的三個月裡，加上平時抽空，一年也有四到六個月閉關時間。

　　仁波切的舅舅臨終前曾囑咐他說：「你是二世利美法王認定的活佛，一旦你聽到他的名字，就一定要去見他。」不久，三世利美法王宗薩蔣揚欽哲仁波切從印度回到藏地。仁波切為了確切知道自己的身世，便身著便服，長途跋涉前往拜見。宗

薩欽哲仁波切與他一見如故，並抱頭行碰頭禮，還給予他四大本尊的灌頂，並勸仁波切回瓦拉德欽寺任主持。觀因緣尚未成熟，仁波切並沒有馬上回寺院。

仁波切在黨校任職期間曾求學四大傳承教法，從中體悟灌頂易得，口耳傳承難求。拜了不少有名望的轉世活佛，儘管他們都是很殊勝的上師，但由於文革之後百廢待興，上師們忙於恢復寺院，無法給予詳細的傳授與引導，只好自己苦修。二十七歲那年，仁波切下鄉做調查研究，因生活艱苦，同去的五、六個人以打獵改善生活。那時仁波切已受戒不殺生，但還是吃肉。一天，同事外出，留下十多隻已剝了皮的兔子懸在樑上。仁波切望著兔肉，心生大悲，如同見到嬰兒的屍體一樣。眾生誰不珍愛自己的生命，因為人類的一口之食而活活被宰殺，多慘呀！於是他暗下決心，不再吃肉。一段時間後，果真不想吃肉了，且一吃就吐。此後的十年裡，仁波切一直素食。之後由於各種因緣，為了與眾生結緣，在一些成就者的勸說下才恢復肉食。

仁波切在一個薩迦寺院受八關齋戒後，在修持上更加精進，開始一邊工作一邊辟穀，每兩天吃一餐，於午前吃，並且每天都在壇城佛像前受戒，嚴格持戒。每天下午六點至第二天

早上六點禁語。這樣修持了兩年，瘦得皮包骨，但身體上卻未有不適。兩年裡，由於嚴持八關齋戒，仁波切增長了慈悲心，積累了福慧資糧，為日後的修持奠定基礎。在辟穀期將滿時，仁波切心中生起迫切要拜師進一步求法的念頭。一天，他正打坐祈請蔣揚欽哲上師，眼前突然現出一個三角形圖像，中有一金剛杵，景象就刻劃在腦海裡。從那時起，仁波切就感到將有極殊勝的因緣出現。

　　那年冬天，仁波切一路頂禮，行了半個月路程，到達嘎妥覺沃山（金剛持道場）。日出時，他來到一座薩迦寺院，在老喇嘛的引見下參拜了康區最殊勝的三尊護法像之一——瑪哈嘎拉泥塑像。據說此像是元朝國師八思巴帶來供在寺院裡的，此護法像曾示現過許多奇蹟。

　　文革期間，寺院被毀，護法像被紅衛兵抄去砸碎。但他們一走，泥巴碎片又合成完整的佛像而得以保存。在動亂的年代裡，佛像不知去向。浩劫過後，護法殿修復之時，正逢下雨，寺旁一塊巨石被雷電劈開，裡面端坐的正是這尊護法像。

　　令仁波切內心深受震撼的是寺院裡一位大成就者的頭骨。他用放大鏡親眼看到：頭骨正中是成就者的法像，右邊清晰地顯現大威德像（他是修大威德成就的），左邊是藏文「阿」字

（表法身成就）。頭骨上紅、白、藍色的舍利密密層層地向上湧出。看了這個頭骨後，仁波切對佛法生起了永不退失的信心。

在繞山的日子裡，仁波切看到許多老人及小孩也是不遠千里，來此虔誠禮拜、誦經、繞山，深感時光易逝，人生無常，唯有精進修行才不虛度此生。

在朝拜嘎妥覺沃山的途中，仁波切得遇薩迦約日喇嘛，一位成就的上師。第一次拜見時，上師就以活佛的稱謂尊稱仁波切，並說一直在等他。仁波切心想上師不可思議，自己與上師又很相應，遂決心向上師求法。當上師把所修功課的經文置於仁波切頭頂時，他眼前化現出一座白塔，上有釋尊的像。經文一拿走，景象就消失了。當上師第二次把經文放在他的頭頂時，仁波切見到了蓮師像，兩旁還坐著兩位薩迦派活佛。第三次見到的是阿彌陀佛像，第四次則是金剛薩埵的側面像。此時，上師對仁波切說：「我已給你殊勝的四灌頂了。」仁波切感到自己一生中從未遇到如此相應的上師，決心第二年再來跟隨上師修行。此後的一年裡，他就斷續閉關修行。

七、八月間，時值大旱，各寺院都在誦經祈雨，仁波切也發願祈雨。一晚，在似睡非睡之際，他彷彿聽到約日喇嘛的聲音：「你要降雨，需到蓮師淨土去。不用走路，心念即可到

達。」剎那間，仁波切發現自己已身臨蓮師淨土，那裡妙音繚繞，空行妙鬘，蓮師端坐在獅子寶座上，身旁還坐著七位出家人，正是蓮師初到藏地時受比丘戒的七人。等他細觀蓮師時，淨土就消失了，而房頂上已滴滴答答地下起雨來。

仁波切深感佛法不可思議！上師不可思議！是上師的加持把自己帶到了蓮師淨土！可是正當他欲再拜見上師時，卻傳來了上師已圓寂的消息，仁波切的心彷彿被掏空了似的，深深懺悔自己不明佛法難聞，善知識難遇，無出離心，錯過了因緣最殊勝的上師（即便是多年後的今天，仁波切仍深感惋惜，一再提醒弟子以此為戒，珍惜好機緣）。從此，仁波切發誓一定要修出成就，並受戒閉關。

為了有更充裕的時間修行，仁波切放棄了在人事局工作的優厚待遇，到烈士陵園守墓。在那兒，他連續閉關三年，之後為了弘法而離職。

此前，仁波切一心想拜大成就、有名望的轉世活佛為師，儘管早就得聞秋英多傑上師是成就的瑜伽行者，但因上師不是轉世活佛，名聲不大而未加重視。約日喇嘛的圓寂深深觸動了仁波切的心，一位成就且相應的上師是多麼難得！於是仁波切放下傲慢心，向秋英多傑上師求法。聽聞教法後，仁波切深感

上師的口耳傳承不可思議，便跟隨上師修行。從此，每隔三、四個月，他就到上師的道場接受指點、傳法，其餘時間則自己閉關修行。一九八八年，仁波切接受了上師的究竟灌頂。

一九八九年，仁波切跟隨秋英多傑上師到興海縣紮嘎傑宗山蓮師道場閉關，一九九○年又單獨前往閉關三個月。在閉關的過程中，仁波切感受到無比的加持。在蓮師洞閉關時，得見蓮師最殊勝的護法，並體悟上師、本尊、空行、護法原本是清淨、無著的自性顯現。在空行洞閉關時，乾糧即將耗盡，蒙諸佛菩薩加被，得到一群修行人的食物資助。後來就一個人用所有的乾糧與糖果，虔誠地舉行薈供。

當他祈請諸佛、上師、本尊、空行入供席時，有七隻野石羊前來聽他誦經，又有上千隻各種鳥兒飛來聚集於左右，彷彿上師、本尊、空行降臨壇城。仁波切一時悲喜交加，剎那間，思想之流被截斷，周圍的一切物質現象也消失了，只有當下的覺醒。約莫過了九個小時，他才恍然發現動物們已散去，只留下一些殘食、鳥和羊的印跡。經此，仁波切了悟到，當自心具足恭敬與虔誠時，外在的道場就與自心清淨的道場融為一體，從而使加持源源不斷。

從那時至今，仁波切幾乎每年都要在此道場閉關。

藏地弘法

　　仁波切曾向秋英多傑上師提出欲受比丘戒。觀察因緣後，在一次僧人和居士受戒，已受戒者清淨戒律時，秋英多傑上師指定仁波切受金剛阿奢黎戒（金剛持戒），並說：「你以大圓滿、大手印修持蓮師忿怒相證悟自性，可受此金剛上師戒。」還親筆寫文給稱多縣眾弟子證明仁波切已具有金剛上師資格，可以弘法利生。宗教部門也給予認可。

　　一次，秋英多傑上師在那隆桑傑松保祖師寺院主持灌頂、傳法時，當著眾弟子的面稱仁波切為自己的兒子（從此，眾弟子就稱仁波切為秋英多傑上師的心子），並讓仁波切到那隆桑傑松保祖師的閉關洞閉關。在閉關禪定時，侍者見他整個身體呈藍色（當時仁波切身著紅色袈裟），就偷拍了下來。秋英多傑上師看了照片後表示，仁波切與普賢王如來有殊勝的因緣，遂起

法名「根松成林傑嘉才」，意為普賢事業常勝。

為報師恩，仁波切公開了活佛身份，協助上師在藏地弘法
五年，將信眾供養的財物及七百頭牛羊全部供養給上師的土登
寺，幫助上師建好了寺院的大殿。

在藏地，受仁波切灌頂、傳法、引導的弟子有上千名，其
中八十多名因緣殊勝的弟子，曾由仁波切親自閉關領修四加
行。在仁波切的宣導下，有八十多位弟子家中每月初十均舉行
一次大薈供，每次參加人數都達五百人以上。

瓦拉德欽寺多次派人請仁波切回寺院主持，薩迦傳戒堪布
囊文曲培松保也表示自己年事已高，卻還未將自己根本上師的
轉世迎回寺院，實難閉目，乃勸請仁波切回寺。觀因緣尚未成

玉樹稱多的鄉親們爲根松仁波切供養金剛舞

熟，仁波切仍推辭未去。

　　瓦拉德欽寺大殿修復的當日，寺院的後山頂上出現一道彩虹，虹光直射到大殿的屋頂，僧人正欲拍照時，彩虹又退回山頂。接著，虹光呈白色，上面端坐一尊佛。當時寺院主持（當曲登巴的侄兒）憶起當曲登巴尊者圓寂前的預言，即在寺院恢復完整時，他將會回來。主持感到這是吉祥的預兆，就再次前往迎請仁波切。

　　終於，仁波切於一九九七年七月回到瓦拉德欽寺，登無畏獅子座任主持活佛。當地政府派專人參加了坐床儀式，承認仁波切是一九五九年以前國家認可的轉世活佛，享受國家五十九（一○○）號檔待遇，同時兼任瓦拉寺活佛。

修復道場

　　在弘法的過程中，仁波切共恢復了三座殊勝的道場：空行道場、蓮花道場與金剛持道場。當年仁波切到嘎妥覺沃山（金剛持道場）朝拜時，看到許多信眾千里迢迢前來繞山禮拜，在寒冬臘月裡，連可以遮風擋雨歇腳的屋子都沒有，就發願要恢復道場。金剛持道場是莊嚴的聖地，拔棵草、動塊石頭，老天都要打雷。

　　仁波切組織了二十八位工人前去修復道場。在動工的一個月裡，常常是周遭下大雨，工地一帶卻滴雨未下，就這樣，一天工期也沒延誤。仁波切還在山上修了七間房子讓前來繞山的人們歇腳，並在山崖上修了閉關洞，曾在那裡閉關十四天。到第七天時，在閉關洞對面山上勞動的村民看到仁波切的身影現在洞外，可走近看時又消失了，洞內依然傳來仁波切誦經的聲

音，眾人都大感詫異。

原來，當日凌晨三點左右，仁波切在定中觀到前世當曲登巴在宗薩寺拜見二世利美法王的景象（後經證實，確有此事）。一時間，仁波切心頭湧起對上師的無盡思念，不禁淚流滿面，接著就看見窗台上有兩隻鳥相對而立，似乎在對他說著什麼。仁波切搖著鈴和雙面鼓，念誦上師的祈請文，兩隻鳥也不害怕，仍駐足窗台，直到誦經完畢，天濛濛亮時才飛走。仁波切一時感慨萬千，是自己虔誠發心修房的功德，才在定中見到了因緣殊勝的上師。這兩隻小鳥應該是上師派來的空行吧！事後，仁波切的覺證更進一步，深信不論走到哪裡，都有上師三寶的加持。

空行道場位於稱多縣城北面，距縣城七公里，山朝西北向，山形似空行母，道場正處於空行母的秘密處，因而得名。空行母是薩迦派的重要本尊，在此道場閉關的修行者都是以空行母為本尊修持成就的。薩迦派歷史悠久的東程寺第一位主持活佛措基多傑（一名海生金剛，與宗喀巴大師同一時代），是第一位在此閉關成就的上師。他的第九世、第十一世轉世，也是在此道場成就的。當他的第十一世轉世在此閉關時，一次正觀想迎請本尊，侍者就見洞口示現一形如光身女子的光體，上師

知道這是自己的本尊示現，趕忙過來祈請，將此光體無二地融入自心。

　　空行道場先後成就了十四位上師。達瓦紮西是五〇年代在空行道場修行成就的瑜伽士，僅閉關六個月就證悟自性。此後，他示現瘋癲瑜伽行者之相，並有許多神奇的示現：他可在不同地方同時現身，讓人大惑不解。文革期間，與其他僧人一起入獄，但他卻能出入自如，讓看守人員目瞪口呆，無可奈何。後來據說虹化而去。仁波切在烈士陵園閉關三年後，為空行道場的殊勝因緣所感，著手將其恢復，作為自己修持弘法的閉關地。

　　蓮花道場位於稱多縣東面，曾有當地噶舉與薩迦兩個寺院的第一世主持活佛在此閉關修行成就。此後，兩寺院的成就者相繼在此閉關。文革時，道場遭到破壞，一直無人恢復。後來仁波切發心帶領弟子到此修復道場，並經常來此舉行薈供、灌頂、傳法等。

　　空行道場與蓮花道場恢復後，仁波切每年均要在此兩處閉關一至三個月，並安排尼僧弟子在兩道場長期閉關。

漢地弘法

　　仁波切是利美傳承的主要上師，一直在藏漢兩地無派別地弘揚佛法，宣導顯密圓融的修持。仁波切在漢地的法緣尤為殊勝。十多年來，仁波切的足跡遍及中國二十多個省市，攝受和利益了眾多有緣弟子。

　　仁波切精通中文，能無礙地用漢語直接為弟子傳法、引導。至今出版的幾本開示錄，深受漢地讀者的喜愛。有時仁波切也用道歌、道舞、偈頌等種種方便教化弟子。新出版的中文詩集《天上的西藏》，收錄了仁波切許多的禪詩、道歌等。尤其是由無造自心流露出的道歌，不僅使弟子蒙受法益，成為極具加持的修行方便，其韻律之美，也深受專業音樂人士的喜愛。

　　仁波切翻譯了完整的大密乘次第修行儀軌法要，包括無上金剛薩埵觀修法及引導、薩迦不共之上師相應法、大圓滿極勝心要三寶總集心意合修法、喜金剛本尊簡易修法、空行母本尊簡易修法、大圓滿蓮師忿怒簡易修法、金剛手普巴簡易修法等，編譯了《來自西康的明燈》《大密乘圓融修持法》《勝妙聽聞解脫法》等書。今後，仁波切仍將視因緣，翻譯更多的珍貴密法，廣利漢地有情。

　　仁波切因人、因時、因地的不同，而給予相應的傳法、灌頂。許多弟子受到灌頂時，生起善妙的覺受和氣脈的感應，也有相應的弟子當下見到自性。仁波切說：「收弟子並不是灌頂傳法之後就不管了。我希望帶著你們好好修持，不要走岔路。」

　　為了引導弟子們閉關實修，仁波切多次帶領弟子在藏漢兩地殊勝道場閉關。一九九八年七月，仁波切帶領七名漢地弟子到蓮師道場閉關。在閉關的十多天裡，弟子們深切感受到上師及道場的殊勝加持，在身心上均有不同的覺受，更增加了對密法的信心與精進心。其後，仁波切陸續安排漢地弟子在沙拉囊中山當曲登巴尊者閉關道場、德欽寺、漢地道場閉關修行。有些弟子已連續閉關三年以上。仁波切還專門為閉關中的弟子作

相應的傳法引導，對達到一定層次的弟子給予直指心性的灌頂和竅訣引導等。

對於臨終的弟子，仁波切慈悲地為他們作頗瓦法引導和中陰救度。至今已有多名漢地弟子及其父母眷屬，由於仁波切修頌頗瓦，成功救度，出現了種種瑞相。

仁波切的智慧、悲心與願力不可思議，「如人飲水，冷暖自知」。在此僅以我等凡夫所見略述少分。

具德上師如世間的如意寶，甚為稀有！願有緣眾生對一切具德上師生起淨信，聆聽善知識的教誨，生生世世得遇善知識攝受，悟入佛法真諦！

生生世世遍遇清淨師
不離殊勝妙法恆受用
十地五道功德勝圓滿
祈願金剛持位速證得

大恩上師弘法利生的殊勝緣起
——金剛持道場

　　金剛持道場所在的嘎妥覺沃山，是藏區十大佛山之一，山勢陡峭高聳，據說山巔連飛鳥都過不去，因為此山有專門看護鳥類的護法，常有牧羊鞭子的聲音傳出，用以喝住飛鳥，不讓牠們飛過山去。佛山的右邊座落著一大雪山，是它的帳篷宮殿；又毗連著一座稍低些的山，是它的兄弟；還連有一座山，為其侍者；其右側的山被稱為石匠、裁縫等等；背面兩座山分別是它的奶奶和妹妹。傳說最有福報的人來了，奶奶就會從半山腰捧出約一丈長的哈達表示歡迎。最威猛的要算它前面的一座山，即它的護法。在那附近，不允許有血跡出現。牧民們都不敢在那兒落戶，曾經有人在附近因宰牛殺羊而得怪病慘死。它的妹妹山附近也不敢住人，但其他諸山是慈悲的。

　　當地乃至康巴一帶的活佛、僧人、信眾都要到此繞山。據說若能繞山最周邊轉三圈、內圍轉七圈、頂圍轉二十一圈，則永不會墮入輪迴惡趣。所以人們都扶老攜幼，克服一切困難前來繞山誦經（特別是在冬季，因為其他季節得忙農活）。真誠發願，往往總能如願以償。

　　八〇年代初，仁波切二十幾歲時，在嘎妥覺沃山附近的一個公社教書。當時他沒有機會繞山，一次偶然經過山下，看見人們都在那裡虔誠發願，心中猛然生起一種特別莊嚴殊勝的感覺，當即就在山腳下磕頭發願：願不久的將來，自己也有機會前來繞山。

　　第二年，仁波切果然有機緣前來繞山。繞山的過程並不輕鬆，要過雪山草地、攀懸崖峭壁。繞山的周邊一圈要走六天。據說當繞了一圈佛山之後，要在前山過一夜，於第二日清晨行供養、發願，就能如願以償。也有人一家子在那裡歡喜地聚餐，夜裡的夢境就預示著將來的兆頭。

　　可是在寒冬臘月裡，那裡連個遮風擋雨歇腳的屋子都沒有，對老人、小孩來說就更難挨了，凍傷腳、凍掉耳朵，甚至也有人因過於寒冷而凍死。仁波切目睹繞山的人們不畏艱難困苦，對佛法一片至誠，深受感染，繞山的疲憊也在不覺間消釋

了。他也在前山過了一夜，並發願：將來若有機會和條件，一定要為繞山的人們建造一些歇腳的房子。

後來仁波切調到稱多縣工作，離佛山更遠了，他再次發心前往繞山，走了十四天，一路上遇到許多艱險，更加深切體會到繞山的辛苦，於是再次發願要修房子供繞山的人們休息過夜。

九○年代初，機緣成熟。仁波切傾己所有，又向親朋好友借錢，共籌集了三萬元，買齊木料，僱了家鄉的二十八位工人，前往佛山修建房子。見到山下瑪呢石散落在河中，就將其一一拾起砌好，還在山上拉了三千多公尺的經幡。

在修建房子的過程中，仁波切親身感受到佛山的殊勝和不可思議的加持。當時正值六、七月間，山上時常打雷下雨，甚至下冰雹，但在工人們工作的千米範圍內，卻天氣晴好。如此做了兩個月，一天工期都沒延誤。仁波切在此建了八間房子，並在山崖上修了閉關洞，在瑪呢石堆中找到並保護了一批具有歷史價值的石碑，以及自然顯現的四臂觀音石像（有一點二公尺高），並修了供奉台。

在動工一個月後，仁波切來到山前，看見上千隻鳥兒從山頂上飛過，其中有一隻藍色的鳥，身長一尺，飛到他面前叫了

幾聲，並繞著他轉了三圈。當鳥兒圍繞著仁波切盤旋時，整座佛山都環繞著彩虹。仁波切非常歡喜，心想此道場確實殊勝。過了幾天，仁波切又來到山前，從山頂上飛來三隻老鷹，繞著已修好的小閉關洞轉了三圈又飛走了，此時又顯出了七彩的長虹。

　　仁波切在閉關房內閉關七天。第三天約莫下午三點鐘，他在房中修法，關房對面二十八名工人正在堆砌瑪呢石，他們親眼看見仁波切走出關房外，走到對面山坡後，大家都感到奇怪：怎麼閉關三天就出來了？便派人到山坡後找尋仁波切，可是卻連人影都沒有，即紛紛到關房前探視。仁波切聽到他們的腳步聲和講話聲，便提高了誦經的聲音以免大家進房。

　　最殊勝的是第七天清晨，天還未亮，仁波切打開關房內的小窗（此窗對山而開），祈請上師、本尊、空行，還沒念幾句，眼前突然現出景象：第二世利美法王把仁波切領到他的寺院——宗薩寺，用手指畫了一個金光閃閃的「吽」字，此字繼而變成一張傳承唐卡。剎那間，仁波切恍然體悟上師與自心是無二的，明瞭密乘灌頂的真實涵義，不禁淚流滿面。此時飛來兩隻小鳥，朝著他鳴叫，仁波切心想這就是上師派來的空行吧！他仍然搖著大手鼓誦經、祈請加持，兩隻鳥也不飛走。仁

根松仁波切在福建德化靈鷲嚴

波切越發從內心深處體會到上師的加持不可思議！直到天濛濛亮，侍者上來燒茶，快走到窗前時，小鳥才飛走。由此，仁波切體認到：學佛者的發心很重要，只有利益眾生的無私發心，才會有不可思議的功德。

出關後，仁波切領著工人們下山，走到供奉台處（在前山下面，距山頂約四、五千公尺），在台邊搭起了帳篷。那日晴空萬里，陽光正好照到帳篷頂上，供奉的火剛剛燃起，山頂上竟同時升起三縷青煙，大約持續了一分鐘，有許多人都驚訝得喊出聲來。仁波切繼續按儀軌修法，正要領著大家念祈請供養，

剛念了三聲「嗡、啊、吽」，山上又升起三股煙，隨後如蓮花瓣般散開了，並持續了十幾分鐘。一位八十多歲的老人說：「我祖祖輩輩住在這附近，從未見過如此吉祥的瑞相。」仁波切更加堅信諸佛上師的加持不可思議！

　　第二天開始繞山，圍著山的中心部兩天可繞一圈，一邊繞山，一邊修路，一路上都有七色彩虹出現。當他們將要翻山過嶺時，下起了暴雨，在覺沃山的妹妹山下面，有人在挖蟲草，閃電就追趕著那些人而來。工人們有些驚慌，仁波切安慰說：「我們來此是修路，是在做功德，雷打不到我們。」果然，閃電離他們十來尺左右，卻始終沒有打著他們。

　　仁波切感慨萬千地說：「這不是我的力量，也不是佛山的力量，而是相應的力量！因為佛心是廣大無量的，只要我們以虔誠心相應上師三寶，隨時都能與之溝通。道場的殊勝當然很重要，但人們對道場的信心更重要。」這番情景讓許多工人對佛法生起了堅定的信心，全部皈依了佛門（此後不少人就受戒出家，閉關修行）。走到山頂時下起了雪，許多鳥兒圍繞著他們，每個人都彷彿親臨佛國淨土。

　　離別佛山時，作了發願迴向，此後，仁波切的弘法利生事業就逐漸展開了。

開 示

基礎篇

如何聽法？

　　學會如何聽法，這是特別重要的！有人可能會想：聽法用耳朵聽就好了，有什麼好講的呢？

　　其實聽法並不像大家想的那麼簡單。同樣聽一位上師講法，懂得聽和不懂得聽，效果大不相同。真正懂得聽的人會覺得法喜充滿，有的痛哭流涕，甚至當下見到本性；不懂得聽的人就會感到很厭煩、打瞌睡，甚至種下了下地獄的種子。

　　佛經中說道：「佛以一音而說法，眾生隨類各得解。」佛講同樣一句話，不同根器的眾生卻有不同的覺受。比如佛陀講苦空無常，小乘行者就會生起絕對要解脫的出離心；大乘行者卻會湣念一切如母有情而生起悲心。當佛陀講最圓滿的教法時，大乘行者聽得悲喜交集，許多小乘行者卻因無法接受而退席，有的甚至謗法而直接下地獄。

　　所有的佛弟子，務必要對法恭敬。聽法時要認真的聽，這樣才會受用。然而有些人不是這樣，人在這裡，耳朵卻不在這裡。耳朵不是在聽法，而是在聽外面的聲音，這就像一個倒扣的碗一樣，上師的甘露水如何能倒得進去。也有的人聽是聽了，卻心不在焉，這個耳朵進去，那個耳朵出來，或者聽了之後根本不用心去體會上師所說的意思。這就像一個漏底的碗一樣，倒再多甘露也沒用。還有的人並不是真的為了聽法而來，而是以一個不清淨的心態來聽法，專門挑上師講法時語句裡的毛病，或者覺得上師講得太簡單了，這些我早就懂了。這便是用一種傲慢的心來聽法，就像一個裝有毒液的碗，上師的甘露裝進去之後，反而變成了毒液。這些都是我們必須克服的不好心態。

　　根據每個人的發心，聽法也可以分為小乘聽法、大乘聽法、密乘聽法。

　　什麼是小乘的聽法？也就是依四想，把自己當作病人想，把講法的善知識當作名醫想，把善知識的法當作藥想，把依照法認真修持當作療病想。現在我們每一個人都是「病人」，因為我們都得了無明輪迴大病，種種的貪、瞋、癡等煩惱使我們從無始以來一直在輪迴中，沒有一點自在。現在好不容易找到

唯一可以治病的醫生，一定要遵照醫生的話認真治療，他給的藥一定要認真服用，病才會好。

什麼是大乘的聽法？就是以菩提心，對一切如母有情生起無偽的大悲心，把講法的善知識視為圓滿的佛陀，自己帶領一切如母有情來聽法。或者以為利一切有情、為令佛法久住的心來聽法，這是大乘的聽法。

什麼是密乘的聽法？對上師及傳法之處，聽法者不應當看成平庸不淨的顯現，而要把所有的一切都視為如來藏圓滿清淨的顯現。把上師觀想為十方三世一切諸佛的總集，上師的身即圓滿化身，上師的語即圓滿報身，上師的意即圓滿法身；上師所在之處即是佛的壇城，一切聽法的金剛兄弟都是勇士、勇士母。上師所講的法是最圓滿的法。這樣毫無懷疑地觀想，專注地聽，聽法的同時就是在修持，就可以積聚福德資糧。這樣不斷地增長信心，我們很快就可以證悟自己本來清淨的心。

最後談一下聽法的威儀。

講法傳法是一件很莊嚴的事。在聽法之前，大家應該先清掃壇城，鋪設好法座，陳設八供、曼達等各種供養。聽法者絕不允許坐在講法者的高處。聽法者之中若有出家人，在家的居士應自覺地讓他們坐在前面。此外，聽法時不應打斷講法，有

道果大殿供奉的主尊金剛持紫銅鎦金像

問題應當恭敬地問。這些都是大家應該知道的常識。之所以要
這麼做，是為了表示大家對法的恭敬，也是為了積累福德資
糧。

「佛法從恭敬中得」，對法不恭敬，不僅得不到好處，而
且有無量罪過，這一點大家一定要明白！

道的初始：皈依

　　圓滿的皈依是自皈依，就是自己「成佛」，證到無二的自性三寶。要達到這種皈依，必須依靠三寶。上師正是自性三寶的無二顯現，上師所做的一切正是為了讓你最快地證悟自己內在的三寶，所以我們要先至誠皈依外在的上師、佛、法、僧，因為只有透過他們才能迅速地證悟自性三寶，擺脫輪迴的苦海。

　　真正的皈依並不只是拿皈依證就算了，而是要得皈依之體。如何得皈依之體？首先你要至誠懺悔業障，生起真正的皈依之心。為了人天的福報而皈依是下品心，為了自己擺脫輪迴之苦為中品心，為了自他成佛為上品心。

　　其次，為你做皈依的法師必須持戒清淨，並且依儀軌如法地為你授戒，這樣才算是真正的皈依。

　　有些弟子以為拿了皈依證就是佛弟子，其實如果沒有得到皈依之體，嚴格來說，還不能算是佛弟子，只不過是種了點善根而已。

　　有些人不瞭解皈依的意義，只執著外在的儀式（以為皈依越多就越有成就），來了一位活佛做一次皈依，來了一位法師也做一次皈依。其實做了一次正規的皈依之後，就永恆地進入了皈依境中，就應當時時憶念上師三寶的功德、持皈依戒，不需再做皈依的儀式了，因為我們已經皈依十方所有金剛阿奢黎、皈依十方一切的佛、法、僧。上師給你做皈依並非代表他本人，而是代表十方的上師、三寶為你做皈依。皈依的對象是確定的，不確定的是你皈依時的心。當然如果你犯了皈依戒，破了皈依之體，那時便應當懺悔，重受、重得皈依之體；或當你由小乘進入大乘的皈依、由顯乘進入密乘的皈依，這儀式也是要做的，因為你發起了不一樣的心。

　　我們有些弟子皈依越多次，人也越糊塗，開始分別起上師來了：這個上師我皈依過、恭敬供養過，那個上師我沒做過皈依，所以就對他持有邪見。請問你皈依釋迦牟尼佛，就不皈依阿彌陀佛了嗎？既然你已經皈依了十方上師，那麼無論哪一宗哪一派，只要他真正具備上師資格，都應恭敬供養，並且應在

他面前至誠懺悔、求加持。不這樣做，本身就違犯了皈依戒。

　　有些人皈依密乘之後，就開始瞧不起以前顯乘中的皈依師。這種忘恩負義的行為在世間尚且受人摒棄，何況在佛法中。

　　皈依是整個道的初始，具有無量的功德。得皈依之體後，只要保持不犯皈依戒，最起碼不會到三惡道去。如果你發願往生極樂世界，決定往生，當你受了無上法門之後，只要堅持對上師的信心不退失，在中陰即可成就。

什麼是灌頂？

　　有的人說灌頂就是給你一種權利，從此以後你就可以修學某種密法。這種說法對不對？對。但灌頂的內涵不僅僅是這些，更重要的是在灌頂的過程中，上師按儀軌修法祈請上師、本尊、空行，及觀修與本尊無二，來清洗、淨化你的業障，並把成就四身的金剛種子種到你的心田中。

　　打個比方：大家現在都好比是農民，但幾十年、幾百年來卻沒有糧食可吃，一直處於極度饑餓當中。因為大家雖然有土地，卻沒有種子，也不懂播種的技術。而上師就好比是具足糧食的富有者，有好多的糧食，不僅自己夠用，還可以分給大家，而且特別精通播種技術。

　　怎樣才能獲得種子，解決自己的饑餓呢？需靠兩方面的配合：一方面要上師在你自心的土地上播下種子，並教你如何培

育；另一方面，你自己必須對播種者具足信心，願意把自心的土地讓出來，還要努力保護和培育種子。所以，希望大家在灌頂的過程中能好好懺悔，把無明傲慢的「我」放下，身、口、意真正地相應上師。得到灌頂後，能夠如法地持戒、修持，就是在保護和培育這個種子。

灌頂是一件很莊嚴、很殊勝的事。灌頂有許多方法：

1. **結緣灌頂**：有名灌頂、摸頂、飄帶、佛冠、鈴杵、淨水、經典、密咒、藥丸、寶鏡、法輪、行為等結緣灌頂。

2. **簡易修法的灌頂（包含加行灌頂）**：受了灌頂之後，有進行某一本尊的簡易修法或四加行的權利。

3. **本尊修法灌頂**：受了此灌頂之後，獲得進入本尊四部瑜伽的權利。一般受了此灌頂之後，應開始閉關精進修持。

4. **究竟灌頂**：也稱明心見性灌頂。

一個人在沒有灌頂、引導的情況下修學密法，是特別容易出差錯的。

　　如果你依照書本或刊物登載的內容擅自模仿修學，實為金剛乘修學之大忌。輕者修學無效，重則著魔顛狂。如果牽涉到氣脈等大法，更有喪失生命的危險。受了灌頂之後，既有傳承的加持，又有上師、本尊、空行的加持，修起來覺受和感應是很快的。甚至有些人在灌頂的法會中直接產生覺受。

　　真正的灌頂不僅是一種儀式，也是在上師、本尊、空行為一體的無限加持下，使修行人很快地淨除業障，強迫性地清除你的無明。在真正殊勝的灌頂法會中，受灌頂的人往往會有身、口、意（氣、脈、明點）的感應，自性的壇城會有種種的顯現。並不像有些人說的密宗只會搞形式，只是把寶瓶往頭上一放就算完事。

　　嚴格地說，只有當你生起覺受，才能算受了真正的灌頂。但大家要清楚的是，自己生起覺受不可以自以為了不起，到處宣揚。自己的感應覺受除了跟上師說以外，即便是金剛兄弟也不可以說，否則加持會慢慢消失。生起的覺受固然是一種好的緣起，但我們修法的真正目的不僅僅在於得到某一種覺受、某一種感應，而在於證悟空性。因此我們應不斷地修持，不斷地令覺受增長。

　　每一個人在灌頂和修法的過程中，覺受的層次可能大不相

同，這並不是上師的分別，而是每個人對上師的信心、修法精進所決定。有的人想通過灌頂來消災、增福，所以佛陀就慈悲地設了結緣灌頂。但我們今天不是這種灌頂，而是金剛薩埵簡易修法的四灌頂（瓶、秘密、智慧、句灌頂）。受了這個灌頂後一定要發大心，為了自他成佛而修持。

　　蓮師曾經說過：密法中最主要是依靠上師的灌頂，受到上師的灌頂之後，對上師有信心，就可以得到很大的成就。

　　灌頂之後一定要守護三昧耶戒。灌頂時，上師給你們甘露水，意思就是對你說：「你要守戒，這就是你成就四身的種子；不守戒，這就是地獄的種子！」三昧耶戒中最主要的一條就是對上師的信心、對法的信心，只要對上師和法的信心不退失，要到達果位就沒什麼可懷疑的了！

根基
（仁波切於湛江開示）

什麼是根基？

今天來此道場，心裡感到十分歡喜。中國各地基本上我都去了，有的道場一聽說是密宗的上師就像遇到魔似的，之所以會這樣，一方面是一些自謂學密的人做了許多不如法的事；另一方面是大家對密乘缺乏真正的認識。在座的諸位雖然大部分是學淨土宗的，卻沒有宗派之見，這一點我很隨喜。顯也好，密也好，都是釋迦牟尼佛的教法。各宗各派都應當互相隨喜讚歎，唯有這樣，佛法才有可能興盛。如果你謗我，我謗你，佛法就會因此被毀掉。

我要求我的每一個弟子都必須顯密圓融地修持。在這裡，

我想就當下淨土宗常有的一些說法，提出個人的看法供大家參考。

　　常有學淨土宗的人說：「沒有大根基者，不能修學密乘。」究竟什麼叫做「根基」？根基的大小是先天就定好了，是固定不變的，還是今世可以改變的？再者，根基的大小又該由誰來定？這些都是問題。

　　可是許多人一聽到這句話，就到處勸人家說密乘不能學，學了會著魔。你自己沒有根基，怎麼知道別人也沒有根基呢？難道你是大成就者，能瞭解一切眾生的根基？

　　什麼是根基？簡單地說，就是我們對佛、法、僧的信心。這句話是利美法王說的。你有上等的信心就是上等的根基；有中等的信心就是中等的根基；有下等的信心就是下等的根基；根本沒有信心就沒有根基。密乘的根基專指對上師三寶的信心。

　　這信心是不是先天就定好了，是固定不變的呢？不是的。你前世的培養固然占了很大一部分因素，譬如有的人一見到上師就忍不住流淚，生起慈悲心，或者一見到上師就感到特別歡喜，這是因為你前世與上師佛法有深厚的因緣。但今世的熏習更為重要。今世的熏習是怎樣的呢？一是要經常憶念上師的恩

德；另一方面是在修習上師所傳之法的過程中，要不斷地淨除業障，親身體會上師不可思議的加持，生起堅定的信心。所以說根基並不是固定的，譬如大家剛開始對佛法的信心不太大，後來經過不斷地熏習，逐漸生起了堅定不移的信心，這就是由小根基變為大根基。

你自己是大根基還是小根基，全看你有沒有志氣，肯不肯下功夫。如果你總是認為自己沒根基，沒有辦法生起信心，那就真的沒根基了！沒有根基的人，不要說學密乘，學淨土宗也不行。大家知道，淨土宗往生西方的條件即是信願具足。沒有足夠的信心能往生嗎？

也有人說：往生西方，全靠他力（即阿彌陀佛的慈悲接引力），這是最容易行的，不像修其他的法門，必須全靠自力那麼困難。

自力和他力

首先，我們必須知道，什麼是自力，什麼是他力。從究竟上講，根本就沒有自力、他力，因為沒有二元的對立。只是在方便上，安立了自力、他力。但他力絕不能離開自力，如果沒

有自力，哪裡還有他力的存在？

　　所以，「全憑他力」這句話並不合適，容易讓人誤會：我自己不用努力，只要靠阿彌陀佛的力量就可以了。

　　要想能夠往生，不僅要靠阿彌陀佛願力的加持，另一方面也要靠行者信願的力量。就好比說阿彌陀佛的願力像一個大的磁場，你本身也必須是塊磁鐵才行。而往生品位的高低，正決定於你自力的大小，而不是決定於他力。

　　自力既然這麼重要，為什麼我們不現在就趕緊努力修正自己，這樣臨終的時候才能更多幾分把握。但偏偏有人說：「你現在念一句阿彌陀佛就好了，其他的什麼都不必懂，什麼都不要管。」什麼也不懂，心裡不相應，只是一天到晚不停地念，那不叫念佛，只是嘴巴在做運動。西藏一位大成就者巴楚仁波切曾經說過：如果單靠嘴巴的運動就能獲得成就的話，老馬早就成就了！因為老馬的嘴皮子一天到晚都在不停地顫動。

　　當然，如果你對阿彌陀佛已經有了絕對的信心，那麼只念一句佛號也可以；否則就值得考慮一下了。

　　在這裡，我並不是排斥淨土宗，更不是在批評某個人。各宗各派都是互相包容、相輔相成的。

　　就以淨土的修法來說，其實並不像許多人認為只有下根基

的人才修。修行的方法也不是只有持名念佛，還有像修學六波羅蜜、四無量心、觀想、持咒、誦經，迴向往生淨土等等，都可以說是修淨土的方法。嘴上念佛，心裡貪戀著娑婆世界，不想往生，依然不能說是修淨土法門。再說，淨土宗大德所說的實相念佛，念而無念，無念而念，與禪宗和密宗都是相通的。而往生最高的常寂光淨土亦是究竟成佛之意，往生常寂光淨土其實就是密宗所說的虹化。

視上師與佛陀無二無別

這裡我想說的是，學淨土也好，禪宗也好，密宗也好，依止真正具德的善知識才是最重要的！

經典中有一個故事：

一次，阿難尊者對佛陀說：「世尊，我現在越來越覺得，修行一大半的功德都來自於善知識。」

「阿難，你錯了。」佛陀對阿難說，「不是一大半，而是全部！」

可見，善知識是一切成就的根本。經典中說：十方三世一切諸佛無一不是依止自己的上師而得成就。沒有了善知識，我

們將寸步難行。所以，無論你學哪宗哪派，首先找到善知識才是最重要的。

也常有一些人會這麼說：現在是末法時期，哪裡還有什麼善知識，還是趕緊念佛的好。說這話的人如果是出於慈悲心，怕眾生依止錯了，把惡知識當做善知識而誤入歧途，這種發心是好的。但就這話本身來說，其實有很大的問題。

實際上並不是沒有善知識，因為諸佛菩薩慈悲化導眾生的願力是永無窮盡的，絕非因為現在是末法時期就不來了。無論你在何處，什麼時候善根因緣到了，他就會出現在你面前。關鍵是我們能不能對他生起信心。即便是末法時期，即身成就也不是絕無可能，關鍵是要對善知識數數親近，久久供養，下心參求，而得善知識以心印心的口訣。若能得善知識的口訣，則「根無大小，皆成佛道」。

密乘中先要皈依上師，把上師與佛無二地看待。有的人說，這是個人崇拜。其實不是。為什麼要把上師與佛無二地看待？因為上師是傳佛陀心印者，持有從佛陀代代相傳不曾間斷的傳承，唯有把上師與佛無二地看待，上師所傳的法才能像佛陀親傳的一樣有加持，也唯有這樣的信心，你才能與諸佛相應。

對修學佛法要有無上信心

　　另一方面，因為我們的智慧、福德不夠，無緣見佛。許多人對佛的信心建立不起來，嘴裡雖然念著佛，心裡還會懷疑：到底有沒有阿彌陀佛？到底有沒有極樂世界？而當你真正把上師與阿彌陀佛一樣來看待時，上師阿彌陀佛不就活生生地在你的面前，你所在的地方不就是極樂世界嗎？這不就是往生西方極樂世界的捷徑嗎？本來西方極樂世界不離一心，心清淨了，你所在的地方就是佛的淨土，一切的眾生也都是佛！

　　無論哪一宗哪一派，在我們未真正深入瞭解之前，都不可輕易下結論，千萬不要輕毀別的宗派。否則，你念佛積了一點點的功德，卻造了謗法的最重罪業，如何能往生呢？

　　學佛之人要有大的志氣。什麼是大的志氣？簡單地說，就是佛慢。有佛慢的人就是真正的大根基，才能真正成就。什麼是佛慢？就是對自己本有佛性的信心，相信十方一切諸佛能做到的事，我也一定能做到。許多人可能會說：這怎麼可能？佛是無量智慧，我是有漏的凡夫，這不是在說大話嗎？

　　我想問大家一句：佛和祖師大德在成就之前，是不是和我們一樣是凡夫？既然佛能從凡夫修成佛，為什麼你就不行呢？

所以你現在要告訴自己：現在我做不到，是因為無明業障障礙了我；但將來我一定能做到，能跟佛一樣！這樣的人，就是有志氣，就是大根基者，就能成佛。

所以我希望大家都要發大心，不要只為下品下生而念佛，而應該為了令一切眾生都成阿彌陀佛而念佛。以這樣的心念佛，你念一聲佛就有無量的功德，無量的加持。什麼是往生西方極樂世界最穩當的方法？就是發大菩提心！

許多人說：我只要能去就好，下品下生也無妨。這種人到最後往往就去不了。好比考試的時候總是想考六十分就可以了，到最後往往連六十分也考不到，這就是因為發心太小的緣故。

我今天來到這裡，剛才居士林的負責人說了，這是一種因緣。在這裡必須指出的是，我絕不是說往生極樂世界不好，只是我發現不少學淨土宗的弟子受了許多不正確知見的影響，反而成了往生的最大障礙，所以才談談自己的看法。

很高興能與大家一起探討佛法，真心祝願在座的大德都能成為真正的大根基者，依止善知識，往生極樂世界，圓滿證悟自己的心。

最大法

　　有弟子問：什麼法是最大、最高的法？

　　這裡要講個故事：

　　有一天，一個極其愚鈍的人對普賢上師說：「上師啊，希望您老人家能慈悲地傳我最大的法！」

　　上師聽了之後就笑著答應了，並拿著人頭骨對他說：「從現在起，你必須一天到晚對著人頭骨，指著它說：『你』，再指著自己說：『我』，這就是你最相應的最大法！」

　　愚人接受了人頭骨，興沖沖地回去，按上師所說的去修。有一天愚人吃完飯後因為記錯了，指著人頭骨說「我」，指著自己說「你」。說著說著，愚人突然領悟了：「我」怎麼變成人頭骨，自己怎麼變成「你」了呢？當下他便瞭解了：自己最終也會變成人頭骨，因而明白了緣起性空的道理，生起極強的厭離心，於是決心放下一切，追隨上師精進修持，最後獲得了

成就。

　　上面的故事告訴我們，何謂最大的法？相應的法就是最大的法。你如果相應於小乘，小乘就是你最大的法；相應於大乘，大乘就是你最大的法；甚至相應於一句「阿彌陀佛」或六字大明咒，這些就是你最大的法。

　　上師傳給你的一定是你最相應的法，因為上師明白你的根基，所以傳給你的就是你最大的法。有些弟子不瞭解這些，一味盲目地追求高法、大法。上師不傳，就從書本上去偷，不管有無傳承就搬回來亂修一通，最後就修出毛病來了，真是可憐！

　　在密乘中沒有得到傳承和灌頂，是絕不允許修持的。在自己沒有具備上師資格之前，也不允許傳法、灌頂。因為你們現在好比是一盞油燈，上師剛剛把它點亮了，你馬上拿去照亮別人，眾生還以為你這裡有光明，可以帶領他們走出黑暗，可是等他們圍過來時，風已經把你的燈吹滅了，你怎麼辦？只好以盲引盲，大家一起下火坑。因此現在還不是大家可以照亮別人的時候，應當努力保護火苗、添油加柴，等火苗變成了大火把，你就可以去照亮別人，甚至把火種傳下去！為什麼不允許把修法的覺受和感應公開，也是這個道理。

佛法不僅是一種教育

　　近來常聽一些學佛的人說佛法是一種教育，剛開始我也深感這種說法的慈悲。確實，現在世人常把佛法說成迷信，把它說成教育的確可以破除人們對佛法的一些誤解，所以這種說法是相當有其價值的，可以接引一些不瞭解佛法的人。

　　但任何一種方便的說法如果強調得太過，難免會誤導眾生走向另一個偏差。所以說法其實是一件相當困難的事，說有，大家執有；說空，大家執空。

　　因此，任何一位弘法者都必須把握佛法的根本（如何引導一切眾生悟入佛的知見），在這個根本前提下說法必須對機。

　　說佛法是一種教育，對初學者和未接觸佛法的人來說是可

以的；但一個正信的佛教徒如果也這樣認為，就是對佛法的極大誤解。

如果把佛法說成教育，那麼佛法與其他宗教、世間的倫理道德便沒有不同，也可以說失去了佛法真正的價值。

佛法不是一種教育，為什麼？因為它有悟。教育只是意識心有分別執著的轉化，這種有分別的轉化只能使人達到有分別的程度，而佛法卻可以使人覺悟圓滿的大智慧。

佛法不僅僅是一種道德的教育，因為它超越了世間的道德、超越輪迴，這種出世間的智慧，不是世間的教育所能達到的。

世間的教育只能教出懂得分辨善惡的好人，卻無法超脫輪迴，證悟平等無分別、清淨圓滿的自性。這一點一定要區分清楚。或者我們從佛法的九乘次第來說，人天乘可以說是一種教育，但究竟最高的乘不能說是一種教育。

對於這點，大家要區別清楚。當然，其他佛教徒認為佛法是一種教育，我們也不需去反駁，也許他是站在人天乘的立場來說的。

顯密圓融修持佛法

一九九八年十二月三十一日，仁波切在眾弟子的祈請下，前往
廈門萬石蓮寺，加持此殊勝道場，並在寺內為眾比丘尼開示。

　　剛才這裡的道場負責人要我給大家「開示」。在這裡，我
只是將自己知道的提出來與大家共同探討。

　　我們說，密是以顯為基礎。顯也好，密也好，各宗各派之
間並不互相矛盾，而是相輔相成的。各派之間只是修法不同，
目的卻是一樣的。在藏傳佛教的紅（寧瑪）、白（噶舉）、花
（薩迦）、黃（格魯），就好比漢傳佛教的禪、淨、律、天臺等
等，都是佛教，但修行的方法有所不同。

- 寧瑪：大圓滿
- 噶舉：大手印
- 薩迦：道果（大圓勝慧）
- 格魯：中觀（有人說大威德，其實不然）

　　其目的都是如何能在今生之內把《心經》如實圓滿地覺悟。在座的當中可能有些人曾經聽過《菩提道次第廣論》，也瞭解到修行的次第。許多人往往忽略了修行的次第，其實這個次第是很重要的。在進入密乘的不共前行之前，必須先修好共同的前行：

1. 人身難得
2. 生死無常
3. 業報因果
4. 輪迴痛苦
5. 解脫之殊勝特質
6. 追隨上師的必要

　　這些共同的前行並不是嘴上講講就可以，一定要在心裡生

起如量的相應才行。譬如說「生死無常」，一提到「無常」二字，你心裡馬上要有心驚膽顫的感覺才行，想著明天就要死了，要趕快修學佛法！這樣你的共同前行才算可以了。

我們說「人身難得」，得到此人身真是我們不幸之中的萬幸。已經得到人身，又得聞佛法，進入了佛門（不管你是什麼原因進入佛門），是我們生生世世累積下來的福報。

但我們應當怎樣好好利用此難得的人身，真正地修習佛法呢？在末法時期，佛法沒有人信、沒有人修，大家只顧著追求那些無意義的瑣事，對佛法這個真正的善知識卻置之不理。在佛世，我們穿這身衣服是最高尚的；而現在，大家一看到我們就說：「這些人肯定生活過不下去才會走上這條路。」我們做為佛弟子，是佛的代表，有責任讓世間的人改變對佛法的誤解。所以我們一定要好好地修持，今生之內就要修出成果，最起碼往生，而在密乘中我們即生就要覺悟。這一生若不覺悟，在死亡的那一瞬間產生了貪、瞋、癡，你還是會墮入輪迴的。

你現在有沒有自在的心，這是關鍵。修學佛法不僅僅是一天到晚拿著經書不停地念，念了半天卻完全沒有理解，這是不行的。想要單靠念經文而產生覺悟是很難的，除非你的根器特別好。否則，你必須找到真正的覺悟者來引導自己，所以在密

乘中要依止上師。

　　什麼是金剛上師？金剛上師就是覺悟者，最起碼要具備清淨的戒律、精通顯密、傳承清淨、具足定慧，並由傳承中的大成就者認定且授予金剛阿奢黎位才行。為什麼要依止上師？因為我們雖然有經文，卻沒辦法修行。我們要走的是一條從未走過的路，我們又是瞎子，如果沒有引路人，難免會走錯走偏。而上師就好比是過來人，這條路他已經走過，而且非常熟悉，我們跟著他，他自然會帶領我們以最快的速度到達目的地。

　　沒有善知識引導，你怎麼修呢？天天念經好不好？

　　當然好！但你能真正體悟經書的意思，並且真正融入到自性中嗎？《心經》大家都會念，但你真正懂得裡面的內涵嗎？你又怎樣達到《心經》所講的境界？本身我們每一個人都有的，只是要怎麼去達到？念誦當然可以得到一定的加持，但怎麼修才能體悟「色不異空、空不異色」。有的人說那就是什麼都沒有，可是你、我、他都是有的呀！

　　我們從無始以來由於無明的緣故，由業力所造作這顆執著的心，這顆執著的心怎麼去破除？在密乘中，上師就讓你觀想。怎麼觀想？以前你這顆心執著於貪、瞋、癡，現在就讓你執著於好的，你就執著地觀想佛如何的清淨莊嚴。

　　為什麼我們要樹立這些泥塑、木雕的佛像呢？就是要在你的心目中樹立起對佛的信心。《心經》中的佛沒辦法表達，所以要立一個形象對眾生說：這就是佛，他能幫助我們解脫輪迴，他有無量的智慧……，讓眾生從心底生起信心和恭敬心，然後再引導他們去證悟《心經》中的佛，讓更多的眾生能解

德欽寺百塔開光法會

脫。所以我們要建寺立塔。有人說建寺立塔是為了大家在一起念經、吃齋、敲鐘。然而單靠念經、吃齋、敲鐘，就可以成就（往生）嗎？這些如人飲水，是冷是暖，大家心裡最清楚。

我今天來到這個道場，心裡很歡喜，因為有許多的上師在這裡開示過，這裡還供奉著晉美彭措法王的法像，這說明了大家對密法有信心，對善知識有信心，這樣眾生就有希望了。我本身主張無派別的修持，無論大小顯密，只要能挽救眾生擺脫輪迴，都是真正的佛法。顯密之間應當是圓融的，不能說密乘如何殊勝而排斥顯乘，各人的因緣不同，有的人相應顯乘，有的人相應密乘。密乘中許多修行的竅門要依止上師才能得到。

在座的諸位現在還存有兩種心理：一種是覺得密乘沒什麼大不了；還有一種是覺得自己本身的根基條件還不夠達到進入密乘的根基，認為進入密乘需要上上的根基。上上的根基是佛的根基，不用修就可以成佛，這種根基我們都沒有，而進入密乘的根基有沒有，取決於你對上師佛、法、僧的信心。對上師三寶信心的大小，決定了根基的大小。你對上師能夠產生像密勒日巴尊者對瑪爾巴那樣的信心，你就是真正的大根基！

我來漢地已經有五年的時間，這五年當中我從沒有化過緣。我來漢地的目的不是為了化緣建某一個寺，而是見到漢地

有許多人追求佛法，我跟漢地又有比較特殊的因緣。許多人對密法是盲目追求，也有的人對密法存有偏見、邪見。所以，我要來漢地讓更多的人接觸、瞭解真正的密法。許多人在做皈依的時候說得很好聽：「皈依佛、皈依法、皈依僧。」可是進入了密乘之後便開始輕視顯乘，認為顯乘是很低的修法。請問你皈依法是十方一切之法，還是只皈依密法而不皈依顯乘的法？同樣的，顯乘的行者也說密乘吃肉、不守戒律、不殊勝，這些同樣是違犯了皈依戒，是謗佛謗法的行為。在藏地，吃肉是為了生存，因為藏地能吃的東西有限，只能靠牛羊的肉生活。而且僧人吃的是三淨肉，絕不允許殺生。

在漢地，我見到有些出家人離開父母和親人，一個人自由自在，過得很舒服，對佛法卻不肯追求，一天到晚到處跑，反倒不如一些在家人修得好，這都是我們應該慚愧反省的事。我們今天講顯乘也好，密乘也好，都要修。我們身上穿著這身衣服是佛的代表，是佛法的領路人，我們做得正確與否，都會直接關係到佛法的興衰。光說不行，我們必須認真地去做、去修。我們追求的是達到佛心，無分別心，可是進入佛門之後，我們往往更執著，分別心更重。執著於宗派之見，你是我非，這些都與佛法不相應，我們都應該認真地自我反省！

學佛不僅僅是一種理論
（仁波切於泉州開示）

　　我們有些弟子佛學理論懂得多了，所知障反而更重。我們現在是學佛，而不是研究佛法，如果你只是想做一名學者，那可以這麼做。但要是想求解脫，就不能停留在理論上，而必須把佛法真正融入自己的身、口、意才行。學佛的目的是為了破除我們內心的無明和執著，而不是僅僅用來講說辯論。一個人儘管懂得許多佛理，但內心的煩惱和我執卻絲毫沒有改變，這樣的學佛是沒有什麼實際意義的。

　　我並不是反對大家看佛學經典，而是說要會看。不要把佛經當作世間的書一樣來讀，甚至有的人邊吃飯邊翻看，或者斜倚在床上看。以不清淨的心來讀佛經，非但沒有受用，反增罪業。

　　有些弟子連善惡都無法分別，就輕易地說：「我要度某某人！」還到處去跟別人講法。在藏地，這個「度」字，連活佛都不敢說。說實在的，我也不敢說。但在漢地，普普通通的學佛者卻整天把「我要度眾生」掛在嘴邊。連出離心都還沒有真正生起，你憑什麼去度別人？「度」這個字不是那麼簡單，而是很深奧的啊！

　　我並不是叫大家不要弘法利生，而是要你先衡量自己有沒有這個能力。沒有這個能力，度了什麼？只會把自己度到無明中，度到惡道中去了！光有一副好心腸是度不了眾生的，只能說是幫幫眾生而已。若不懂得幫，有時還會幫倒忙，害了眾生！就像一個才學了一點醫學理論的人，就到處替別人看病，這樣究竟是在救人還是害人？如果把人醫死了，怎麼辦？還不如先潛心把醫術學精了，更有利益。有了高明的醫術，還怕沒有病人可以救嗎？所以光有慈悲是不夠的，還必須有智慧。六度中最關鍵的就是智慧，沒有智慧，佈施有時也會成為造作罪業的工具！

　　講法必須應機才行。我講法時，也要先看看你對我有沒有信心；如果你沒有一定的信心，我也不敢說。如果因為我的這些話而使你對佛、法、僧產生邪見，甚至生起瞋恨心，怎麼

辦？我是度你，還是害你？

　　先看看對方能不能接受，再衡量自己能把他帶到什麼程度。眾生的心不是那麼容易調伏的，昨天還是肝膽相照的朋友，今天因為一言不和，可能就要了你的命；昨天還在上師面前含淚呼喚，今天可能就是毀謗上師三寶者；明明你對他有百分之九十九的恩情，但也許因為對他做了百分之一的不利之事，他馬上就把百分之九十九的恩情全都拋在腦後，對你懷恨在心。所以佛一再說：南閻浮提眾生的心剛強難伏。沒有足夠的能力，不瞭解眾生的起心動念，如何去調伏眾生的心？我也常說：要經常把六道父母的業障觀想在自己的身上，但要儘量少跟業障深重的眾生接觸。要先學會觀照自己的心，把握自己的心！

　　為什麼《密乘十四根本戒》中有一條「不能與毀謗上師三寶者為友」？就是要你先學會保護自己內心的善知識。沒有能力的時候，少跟外界接觸，遠離惡知識，不讓那些不清淨的人和事破壞自己的信心，先度自己，對治消除自己身、口、意的業障。

　　許多人學佛以後犯了一些老毛病，他的家人馬上會說：「哎唷，你是學佛的人，怎麼還會這樣？」學佛的人又不是

佛，怎麼可能十全十美？他是在學佛，正在修正自己。他能反省、發現自己的錯誤和毛病，知錯就改，已經很了不起了！所以學佛初期是很痛苦的，因為要面對自己深重的習氣和煩惱，而學佛難就難在這裡。世俗人恰恰不願意面對這些，所以做世間的惡業容易。這就像一個倉庫，千百年來一直往裡面堆垃圾，如果現在還繼續往裡面扔垃圾，當然很容易；但如果要清理千百年來累積的垃圾，談何容易！沒有足夠的信心、勇氣和耐力，能做得到嗎？

　　學佛和學習世間的文化知識是不一樣的。單單領會了還不夠，還得要修呀！明白了道理，就要開始修正自己的身、口、意，而不是用佛法去修理別人。佛經中說：「佛法就像一張治癒不治之症的藥方，你不趕緊拿它去抓藥醫治你的病，卻每天在那裡背藥方，這有什麼意義？」

　　給密勒日巴尊者下毒的就是一位大學者，為什麼？大家想一想！學佛千萬不要停留在理論上，要深入地修學，才能有真實的受用！

相應篇

利美傳承上師祈請頌的由來
（二〇〇一年三月仁波切於廈門開示）

　　這個祈請頌是第三世利美法王傳贈給我的。

　　大家知道，當我還在母親腹中時，第二世利美法王蔣揚欽哲確吉羅卓上師就認定我是當曲登巴尊者的轉世，此後他去了印度，所以我從未親見過他。在一次夢中，我見到了確吉羅卓上師，他是一位很老而且特別慈祥的上師（至今為止，我已三次在夢中見到上師了）。上師對我說：「我要來了，你來看看我。」

　　當時我並不知道他已經圓寂多年了。

　　上師究竟在何處？第二天一早我就等在公路旁，打聽消息。我心中不斷虔誠地祈請上師，不久從玉樹州來了一輛郵

車，車上沒有僧人。我問他們：「是否有在州上聽到什麼消息？」他們回答：「州上有一位活佛從印度過來，名叫蔣揚欽哲。」「是確吉羅卓嗎？」「不知道。」

　　我立即向學校請假（當時我還在公社學校當老師），搭車趕到玉樹州。當我經過歇武鎮附近時，看到老百姓都穿著整齊的服裝，大街掃得乾乾淨淨，就像過年一樣喜慶吉祥，而當時是七月，我覺得很奇怪，但沒有細問。等到了玉樹州，才知道蔣揚欽哲上師已到歇武了。我只好第二天一早又搭車返回歇武。

　　當我到達上師住地時，清晨的太陽正照在上師居處的屋頂上，我感到特別吉祥，心想今天一定能見到上師。大院裡已擠滿了僧人，起初我還自以為很虔誠，可是當我看到院子裡眾多風塵僕僕的僧人時，才發現自己並不算遠道而來。他們當中有許多人是走了兩三天的路程才趕到這裡，身上還背著包包，一個個眼淚汪汪地跪在院子裡祈請。看到這些，我心中一陣慚愧，想見上師的心情更加迫切了！

　　當時利美法王以探親的形式第一次回國，不方便見很多人，所以只有活佛、上師才能進屋。而我那時穿著一身漢服（當時我尚未公開活佛的身份），怎麼能進去見上師呢？我只好在心裡不斷地虔誠祈請：我這麼遠來到這裡，祈求上師無論如

何都要見我一面！

　　這時，上師的侍者剛好拿著一大堆東西走向上師的屋子，我一心想要見上師，就立刻迎上去幫他一把，快進屋時，侍者委婉地說：「你不要再走進去了。」那時我一隻腳已經邁進了門檻，正抬頭往上看，這時，上師也在法座上朝門口觀望，我們兩人的視線正好相遇。當我正準備仔細端詳上師的面容時，看門人害怕自己失職，就把我推了出來。我只好蹲在門邊的角落，但心裡仍舊不停地祈請著。過了一會兒，我聽見看門人在喊：「剛才那個人在哪裡？」我不知道他是在喊我。他在角落裡找到我，說：「喂，上師讓你進去。」

　　屋子裡坐滿了活佛和上師，每個人都看著我。上師在法座上向我招手。我慢慢地走過去，跪在上師的法座前，上師以「吾吉切」（即活佛禮儀）稱呼我，捧著我的頭親切地行碰頭禮，並讓我與其他活佛一起坐在一旁的法座上，而後開始傳法灌頂。傳法灌頂後，上師打開窗，用甘露水幫院子裡的僧人們加持時，在場所有人都哭著說：「上師，我們不是衝著灌頂來的，我們只想見見您的慈容。上師能不能給我們摸頂加持一下，這比什麼都珍貴啊！」也許是他們的虔誠感化了我，我第一次真正生起相應之心。上師見此情景，也哭了起來，那時我

才知道上師是多麼慈悲！可是我們誰能知道上師的慈悲呢？

傳法之後，上師就給了我這個上師祈請頌，並用前世的印章在祈請頌上蓋章。後來我才明白上師的用意——因為我對上師缺乏真正的相應之心！我自以為有多麼虔誠，其實內心深處並沒有真正生起清淨的虔誠心。我痛感自己業障深重，上師又傳給我消除障道的法，並勸我回寺院擔任主持。上師是無量智慧的，他連我沒吃早飯都知道。上師又是那麼慈悲，他的前世尋找我、認定我，今世又確認我、引導我，那時我才真正瞭解什麼是自己生生世世的上師！（從此以後，對任何上師，約日仁增求培上師、秋英多傑上師、噶瑪慈誠上師、囊文曲培松保上師……，我都無比恭敬。）上師就像辛勤的園丁，在我心田播種、澆水、施肥、鋤草，又像嚴父慈母一般關懷、扶持我邁向覺悟。但是我有時稍微生起一點點對上師的念恩之心，就自以為了不起，真是一個嬌氣的不孝之子！

上師從自己的法本中給了我這個祈請頌，現在我又把此殊勝的祈請頌傳給你們，就是希望每一個弟子都知道該怎樣對待自己的上師，怎樣生起相應之心！同樣受一個上師灌頂、傳竅訣，為什麼有的弟子沒有成就？也許是因為業障深重，也許是他從不曾對上師真正生起信心。

　　我們見不到本尊，卻見到了上師，有誰能知道這種關係？有些人說：「上師，我在夢中見過你。」夢是你本來心真虛的顯現。其實這是夢在提醒你，上師就像是連接你和本尊之間必不可少的橋樑。不先溝通自己的上師，又怎麼可能溝通你的本尊呢？薩迦派說：上師就是本尊，是一切成就的根本，所以上師相應法是很重要的。

　　我們的掘藏師秋英林巴問我：在紮嘎傑宗山蓮師道場閉關時，修的是什麼法？有什麼特殊的顯現和覺受？我說：「在修法時，我只知道不斷地祈請上師，一想起上師，我心中就感到一陣酸楚，有一種說不清的感覺。除此之外，我沒有其他更多的覺受。」掘藏師聽了，馬上淚流滿面。他已經是六、七十歲的人了，為什麼還會這樣？因為他真正懂得什麼是上師，什麼是相應！還有像阿底峽尊者，一提起他的上師，一聽到上師「金洲大師」四個字，馬上就合掌高高地舉到頭頂含淚祈請。我也見過給拉上師（囊文曲培松保上師）的許多弟子，只要一提到「給拉」的名字就忍不住流淚。所以，相應上師絕不僅僅是口頭語。

　　一九九七年，我到給拉上師的閉關房去拜訪時，他一再要求我為他灌頂。我說：「我不能給您灌頂！」但他還是趁我不

注意，一把抓起我的手放在他的頭頂上。當時他已有九十多歲高齡了，而且是薩迦在國內唯一的傳戒堪布，德高望重。他有那麼大的成就，為什麼要這麼做？也許大家能從這件小事明白點什麼。（囊文曲培松保上師是根松仁波切前世虔誠的心子。）

　　我們有些弟子，起初還懂得祈請上師，後來法接得越多，我慢就像打了氣的氣球一樣越脹越大，而內心的相應卻如月亮被烏雲遮蔽一般，越來越小，心裡總想著追求更高更大的法。

　　薩迦派以上師相應法為最大的法，這一點也不誇大。第一世利美法王，八大傳承的法都修，也獲得了證量，但他主修的還是上師相應法。巴楚仁波切一直到七十歲，還是每天修上師相應法，不曾間斷。一九九〇年我在紮嘎傑宗山空行洞閉關，也是在祈請上師時，才真正明白什麼是空性。上午十點我開始祈請上師，一直到下午七點，就像一剎那，心無散亂的相應覺受，由此我真正感受到方便與智慧的雙運、明空雙運、空樂雙運。空行母的真正含義是什麼，這不是修哪一個本尊後悟出來的，而是修上師相應法得到的。所以，一個人若能真正懂得上師相應法，就可以說已得到了圓滿法。

　　利美傳承喜金剛的簡易修法，我已經翻譯好了，有因緣再傳給大家。所謂的因緣並不單指時間的問題，因緣是由弟子們

創造的。

就拿這個簡易修法來說，前面是皈依、發心，把上師、本尊一體的觀想。最後，法本中有這麼一句，此修法關鍵中的關鍵是：

皈依總持上師如意寶，深情祈請賜法大恩師！
大悲關注生死輪迴眾，祈請加持周遍一切處！

這裡重複說明一個道理，本尊喜金剛從何處來？首先要對上師生起真正的念恩心和相應心，這樣才能談喜金剛本來的心。我也說過，即便全世界的上師你都見了，若沒有生起真正相應的心，又有什麼用？如果你真正生起這樣的心，任何一位具德的上師都可以令你成就！在你的心中，能讓你生起這種心的上師，就是最相應的上師；在你的心中，他就是法王，他就是第二佛陀。這不在於他有多大的名氣，學佛並不是為了名利。空行母觀修法中也說：「我們皈依時需要上師，加被你了悟本來心的是根本上師金剛持。」根本上師不是大家公認的一種尊稱，而是各人內心相應的上師，根本上師與本來心無二，他能讓你了悟自己本來的心，能讓你解決根本問題的，才能叫

做根本上師。

在密乘中修任何法都離不開上師，修密乘必須專於一師一法一本尊。但我們對每一位具德上師都要有虔誠之心，一切法都是方便，真正通達一法時，萬法皆通達，一法利於自心，萬法的利益都得到了，一法已攝萬法。

我也曾經說過：真正發自內心含淚地祈請上師一次，功德遠遠超過一整天坐在那裡練嘴的「修法」。學佛不應只是一種形式，我們每天都必須把這三種心提起來才行。

哪三種心？就是出離心、菩提心，以及對上師三寶真正的相應之心。要隨時隨地反省自己是不是真正如量生起。否則，我們的修行往往流於一種形式，練練嘴而已，永遠也不會有太大的進步。尤其對上師真正的相應之心，如果沒有真正的相應之心，無論修再大再多的法，也不可能有真正的成就。所以，大家不要以為自己已經進入本尊或者大圓滿的修法，就把此祈請頌當做一個很普通的法，我們應該要好好珍惜才是！

利美傳承上師祈請頌的開示
（仁波切口譯講解）

（仁波切唱頌祈請上師頌）

此祈請上師頌是利美傳承上師蔣貢康楚仁波切祈請的，是非常殊勝的法要。下面我就一邊念藏文，一邊把大意講給大家聽。

（藏文部分略）

哎喲，多麼可憐啊！像我這樣無明、業障深重的眾生，從無始以來一直沉淪於輪迴的苦海，這樣痛苦地流轉，不知要到何年何月！可悲的是，直到現在，我還未真正懂得輪迴之苦，一刹那也不曾生起逃脫輪迴之心。祈請上師大悲關注啊！使我真正深畏輪迴之苦，加持我從心底深處生起逃脫輪迴之心！

　　我們好不容易得到這個暇滿的人身，這是何等珍貴呀！可是寶貴的光陰卻總是毫無意義地荒廢而過！我們的一生只知道追求虛幻不實的世間名利，為之竭盡全力，從不厭倦。而真正解脫輪迴這件大事卻從來不曾追求，即使偶爾想到，做起來也總是糊里糊塗、馬馬虎虎。在這人生的寶庫中，我一次又一次地空手而回。祈請上師大悲關注啊！使我真正懂得人身難得，加持我珍惜這珍寶般人身的每分每秒呀！

　　在這個大地上，你找不到有哪一寸土地沒有死過人，每一寸土地都曾是我們的墳墓。無始以來我們生了又死，死了又生，不知有多少回了。現在我們也同樣一刻不停地奔向死亡，可是為什麼我還以為自己有百年、千年的壽命，自以為可以長存於這個世界上呢？祈請上師大悲關注啊！消除我這一顛倒妄想，加持我每時每刻都想到死亡！

　　即使是最深愛的親人也終將離我而去，這一世千辛萬苦、省吃儉用攢下的金銀財寶也終將由他人來享用，就連這赤條條的肉體也無法帶走。只有我那執著的靈魂將再一次墮入痛苦的輪迴。懇請上師大悲關注啊！使我真正懂得除了佛法之外，其餘的一切對我都毫無意義，執著地追求這些是毫無必要的！

　　一旦再次墮入輪迴，殘酷的業果就像齜牙咧嘴的惡鬼在等

著我們，無明黑暗的深淵在前方引誘著我們，所造的惡業像無可抵擋的力量，在背後推著我們走向恐怖的三惡道，我們將要承受的是無法逃避的無邊痛苦。懇請上師大悲關注啊！加持我從這無止盡的苦厄中早日逃脫！

　　我的一切缺點和過失堆積得像山一般卻視而不見；別人一個米粒大的缺點和過失我就指著不放。我明明沒有一點點功德，卻處處以大乘行者自居，處處自讚毀他。祈請上師大悲尊啊！消除我這傲慢的心！

　　「我執」就像惡魔般深深地扎根在我的心裡，所想的一切都是為了這個「我」，所做的一切也都是為「我」而造的惡業。解脫之路，我連邊都沾不上。祈請上師大悲關注啊！加持我將「我執」從根拔除！

　　一聽到讚美之辭就飄飄然，不知身在何處；稍微有一點不利的話，我又馬上把忍辱這個方便拋到九霄雲外。遇到利益他人之時，總是躲在最後；一旦有名聞利養的誘惑，我就會不顧一切地衝到最前。祈請上師大悲關注啊！加持我內心深處不再有世俗的貪執，不再造顛倒的惡業。

　　明明知道世間一切都是無常的，實際上除了吃穿以外，還有什麼是必不可少的呢？家裡已擁有了該有的一切，但我這顆

貪婪的心卻還是沒完沒了地追求，永不滿足。祈請上師大悲關注啊！加持我從內心深處捨棄對此生的貪著，生起真正的出離心！

明明知道因果輪迴、業報不爽，一切的苦樂必然有其善惡之因。可是為什麼依然故我，不知善惡的分別取捨，不斷造下種種可怕的惡業呢？祈請上師大悲關注啊！加持我懂得因果，堅信因果，永不再造絲毫惡業！

一想起那些對自己不好的眾生就心存怨恨報復，對自己的親人（父母妻兒）卻特別地愛執難捨。這一無明貪執使我一提起聞思修正法，馬上就無精打采、昏昏欲睡；而做不如法的世間之事，立刻兩眼發亮，精神百倍。祈請上師大悲加持啊！使我懂得無明才是我真正的敵人！

外表儼然是個標準很有修持的佛弟子，內心卻暗藏毒蛇般猛利的習氣。稍微遇到一點點的違緣，貪、瞋、癡三毒就不由自主地生起。祈請上師大悲關注啊！使我不再自己欺騙自己，自己能修正自己！

除了我以外再也容納不下其他任何人，造作惡業時，一切是那麼順利和不曾間斷；而修學正法時卻根本無法堅持，時修時斷。稍稍遇到一點世間的業障，飄浮不定的信心和偶爾生起

的一點悲心，就像燈燭遇到狂風般立刻熄滅。祈請上師大悲關注啊！讓我生起堅定之心，無有間斷地修法，不斷完善自己。

日子一天天地過去，我的死期也一天天地逼近。可是對上師的虔誠和感恩之心，卻像月亮正被烏雲層層遮蔽一般，越來越小，越來越暗。每天嘴裡念著皈依發心和祈請，但虔誠與慈悲之心何曾在我心中真正存在過？祈請上師大悲加持啊！使我捨棄這些毫無意義、自欺欺人之行，時時如法修持。

明明知道珍愛自我是一切痛苦之因，唯有真正利益眾生才能圓成佛道。可是嘴裡一邊念著「為利眾生求取解脫道」，一邊卻繼續做著傷害眾生之事。難道說是為了利益眾生而傷害眾生嗎？這是多麼可笑的事啊！懇請上師大悲關注加持啊！讓無偽的悲心從我心底生起，真正能時時把自己與眾生交換（自他交換）！

明明知道「上師與佛陀無二，上師就是佛陀所現的凡夫相」，正是上師賜予我這麼多殊勝的竅訣秘要，引領我邁向解脫。可是，為了自己一點點的利益，或無明眼中所謂的一點點過失，就對上師失去信心，甚至對上師所做所行心存懷疑和邪見。到底是什麼遮蔽了我的心呀？懇請上師大悲關注加持啊！讓無垢的虔誠和感恩之心從我心底生起！

　　對「自心是佛」「覺性即是法身」，總是心存懷疑；對不假修證、本來圓滿無礙、平等心的修法，也心懷疑慮；對於以「明日必死」的出離心修苦行，堅信業果和輪迴這些真理，又不在乎。到底要怎樣才能安定自己的心呀？懇請上師大悲關注啊！使我堅信自性本自清淨圓滿，真正了悟自性。

　　一開始學佛，是因為我們都想逃脫輪迴的苦海，可是後來在修行中的所做所行，卻反而成為輪迴之因。此一逃脫輪迴的種子剛剛播下，還沒到收穫的時候，就慢慢被自己業障的雷旱之災摧毀。祈請上師大悲關注啊！淨除我修行的一切障道和違緣，使我順利到達彼岸。

　　深情祈請上師如意寶，
　　懇請您切莫捨棄業障深重的弟子！
　　只有您的加持，才能使我真正懂得輪迴之苦，
　　生起逃脫輪迴之心！
　　只有您的加持，才能使我捨棄對此生的貪著之心！
　　只有您的加持，才能使我隨時隨地想到死亡！
　　只有您的加持，才能使我堅信因果！
　　只有您的加持，才能使我在修法的道上

不被業障迷惑，淨除所有的障道！

只有您的加持，才能使我修法精進不怠！

只有您的加持，才能使我糾正一切錯誤的知見，

沿著正確的菩提道修行！

只有您的加持，才能使我這一顆精進的心恆常不退！

只有您的加持，才能使我懂得眞實祈請！

只有您的加持，才能使我了悟原本的佛心！

只有您的加持，才能使我無作的自性自覺圓滿！

只有您的加持，才能把我無明二取之心從根永斷！

只有您的加持，才能使我即身成就！

深情祈請上師如意寶，含淚呼喚賜法大恩師。

無始至今唯一救怙主，懇請加持與師心相應。

　　這就是利美傳承的祈請上師頌。我自己在修法之初，也就是修共同前行、不共前行法的時候，一直用它來祈請上師。

　　喇嘛欽諾！

　　此一祈請上師頌，使我懂得很多很多。我希望在座的弟子也能好好領會其中的含義，好好地對照反省自己。你們學佛都

有一定時間了，但大家是怎麼學的？要好好想一想！

　　你們祈請上師，祈請傳承上師，我也一樣在祈請上師和傳承上師。這一次大家來了，沒什麼灌頂。你們若是衝著灌頂來的，那麼我現在就可以告訴你們不用耽誤時間了，現在某某地方就在灌時輪金剛的頂，要求灌頂的可以去。

　　現在應該是到了整理弟子們修行上誤差的時候了。灌頂雖然灌了很多，但是在修行上沒有上師一個個地整理，有些歪了、有些缺了、有些斷了、有些什麼毛病都有，怎麼辦？當然，就我們這個傳承來講，在座弟子可以說沒有破三昧耶戒的，但是修行中還是犯了很多的錯誤，譬如不正確的知見、自己的習氣等等，所以一定要花時間好好跟大家講一講，還有就是講一些傳承的問題。明天還得講怎樣祈請上師，後天也是這樣。大家剛開始進入密乘的時候，就知道密乘中最重要的是傳承。這次就要使每一個弟子都認識自己的傳承，並且真正懂得如何祈請上師，這是十分重要的。

以上是根據仁波切二〇〇〇年十月一日在廈門開示的錄音整理。仁波切當時是即興翻譯，僅作為開示，不作為正式的翻譯。望見聞者同霑法益！

如何相應自己的上師？

　　在密乘中，弟子的成就完全取決於上師。在獲得成就之前的一切善樂、幸福，以及現在、中陰、未來的一切幸福，都來源於上師的恩賜。在密乘中，離師無法、離法無成，如何相應自己的上師是最關鍵、最根本的問題。怎樣才能相應呢？以下分幾個方面粗淺地談一談。

依止上師的功德

　　密典中說：「修持十萬遍的本尊，比不上虔誠祈請上師三遍。修一劫圓滿次第觀想，修持兩萬遍，比不上心裡只有上師。」

又一經典中說：「一個人若能親近承事上師半天，其功德遠超過一劫的時間在諸佛所做佈施、供養等等的功德。」

在密乘中，人們把上師稱做「如意寶」。確實，世間上再也沒有比這如意寶更珍貴的了！顯密的各教典都告訴我們：十方一切諸佛無不依止自己的上師而得成佛。一個人若能如法地依止自己的上師，將可迅速地圓滿自己的福慧資糧。本來應無量劫在地獄等三惡道中所受的種種業報，如今只要受上師的一句喝斥、乃至夢中或現世受一種損惱，便可消除。這也正是密乘為什麼能即身成就的重要原因之一。

可是許多學密的人遇到上師，不僅不好好珍惜以圓滿無量的功德，反而增加無量的罪過，這是多麼令人悲歎的事呀！

不如法依師的罪過

誠心修學密法的弟子，在沒有皈依上師以前，都必須調查清楚：那位「上師」是不是真正具德的上師（包括他的傳承、德行等等）。如果你拜的是自封「金剛上師」的假上師，則你們師徒同犯了金剛大罪。

一旦受了上師的灌頂、傳承、引導之後，你與上師之間就

建立了三昧耶（誓言）戒，對上師不恭敬、誹謗上師，就等於誹謗十方一切諸佛；如果讓上師身心不安，你的現世將會得到嚴重的困苦，甚至斷送性命，死後還要下金剛地獄。

正如《般若八空經》說：「障礙咕嚕，此種罪業，四力懺悔，無法消除。」

《金剛帳經》說：「有計二心人，不恭敬上師，內血得惡病，慘死下地獄。」

《幻網經》說：「誹謗阿奢黎，此人無善夢；誹謗上師人，妖魔控制心。」

《鑽石金剛精經》說：「若謗阿奢黎，千劫無食睡，精學金剛乘，亦學金剛獄。」

《金剛手灌頂續》中，佛亦對金剛手說：「若人誹謗金剛阿奢黎，其果報是無間等極苦地獄，且住彼經無邊劫。」

《上師五十頌》亦說：「若彼求法學法者，登壇後謗阿奢黎，則謗一切如來佛，彼子常得諸苦惱。」

拜上師是一件很嚴肅的事。行者在拜上師之前，應先觀察上師是否具足德行，自己相應與否。而你一旦接受上師的灌頂和引導，確立了師徒關係，即便他不具備上師資格，若你誹謗他，也會得到上述的果報。即便你的上師做各種殺、盜、淫、

妄、酒的事，你也不可以對他失去信心，而應想到一切都是他
利益眾生的善巧方便。

　　印度大成就者先登巴亦說：「你一旦聽過上師簡短的開
示，如果不敬他為佛，你將轉生為狗一百次，然後再轉生為賤
族（一說屠夫）」。

修好出離心是相應上師的基礎

　　一位真正具德的金剛上師在世間的目的，無非是令更多的
眾生能解脫輪迴之苦。因此，一個未能體會輪迴之苦、生起出
離心的人，很難對上師生起大恭敬心，並真正地相應上師。他
學佛的心態往往也是為了世間的名利。而要生起真正的出離
心，要先從暇滿人身、人身難得修起，體會生死無常，每時每
刻都要想到死亡，並且想到該怎麼面對死亡。然後再從業果的
道理推出輪迴的道理，從心裡真正明瞭解脫的必要性。

　　如果一個人被困在沙漠中許多天，即將渴死的時候，對他
來說，還有什麼事情比找水更重要呢？無明眾生從無始以來
在輪迴中枉受種種極苦，卻始終無法逃脫輪迴的牢獄，對我
們來說，還有什麼比怎樣逃出這個牢獄更重要的呢？而要逃出

牢獄，依靠的是什麼？依靠智慧。我們每個人原本都有這個條件，卻始終不明瞭，如此，你怎能不像快渴死的人找水那樣，找尋具足智慧的善知識呢？

相信自性明空的內在上師，
對任何宗派的上師都不起邪見

　　薩迦的道歌說：「諸佛聖賢外在之上師，自性明空內在之上師，自他離戲真實之上師，無二法藏正覺之上師。」

　　每一個眾生原本都有如佛陀一樣圓滿的內在上師，可是無明與執著蒙蔽了我們，使我們不明瞭內在的上師。雖然如此，內在的上師卻一刻也不曾捨棄過我們，一直在等待我們覺悟。而外在的大恩上師正是連接你內在上師最近的橋樑，你怎能不好好的珍惜呢？

　　因此我們不應該對任何宗派的上師生起邪見。隨眾生的不同根基，他們需要的橋樑可能長、短、大、小各不一樣，所以內在的上師為了滿足眾生的需要而顯現各種不同的形式。因此任何一位具德的上師（無論你皈依與否），都應該把他當做你內在上師無二的化現，對他生起邪見都一樣有無量的罪過。

恆念師恩，樹立起大恭敬心

正如頂果欽哲仁波切對他的上師蔣揚欽哲確吉羅卓仁波切寫的讚歎：

他就像一艘載運眾生渡過生死苦海的大船，

一位引導眾生登上解脫陸地的完美船長，

一場熄滅煩惱火的雨，

一對驅除無明幽暗的日月，

一塊能承受善惡力量的堅強基地，

一棵生產短暫快樂和終極快樂的如意樹，

一座含藏廣大和精深教法的寶庫，

一顆令人開悟的如意寶珠，

一位平等佈施愛心給所有眾生的父親和母親，

一條慈悲的大河，

一座超越世法的高山，不被煩惱風所動搖，

一層充滿雨水的厚雲，足以撫慰煩惱痛苦。

總之，他等於一切佛。不管是看到他、聽到他的聲音，回憶起他，或被他的手碰觸，只要和他結緣，就

可以帶領我們邁向解脫。對他產生充分的信心，就可以保證在覺悟之道上有所進展。他智慧和慈悲的溫暖將融化我們的生命之礦，提煉出內在佛性的黃金。

每一位密乘行者對自己的上師，都應當如頂果欽哲仁波切所述那樣，憶念上師的恩德。佛陀曾經說過：「即便你是為了父母的緣故而把自己的身體碎成千片，如是反覆經歷十次，亦無法報答父母的恩情。」而上師的恩情遠超過父母的恩情，因為父母只給了你這一世的恩情，而上師給你的是生生世世的恩情。上師灌頂時把種子永久地種在你的心田（阿賴耶識）中，你下地獄，上師仍會到地獄去救你。他原本早已超脫輪迴，卻為了我們而不顧不淨現分，一次次到生死苦海中，以種種方便示現、引導我們。上師的恩情是你用整個生命亦無以回報的！

如果你能時常憶念上師的無比恩情，必定會對上師產生大恭敬心，打動你自己內在的上師，你甚至會痛哭流涕，頂禮時感覺每一根毛孔都在頂禮，身口意都會受到震撼。一個懂得念恩的人是幸福的，因為最終真正得到好處的總是念恩的人，而非被念恩的人。相反地，一個人若不懂得念上師恩，就是不尊重佛法的表現。不重法，一切修持將會得不到真正的加持！

把「我」字放下，
身、口、意供養上師，不起任何懷疑

無始以來，我們就時時離不開「我」字。「我」是蒙蔽智慧，導致我們飽嘗輪迴之苦的根源。可是誰又能放得下「我」？誰又知道放下「我」的必要性？又有誰能明瞭「我」的究竟內涵呢？

把身、口、意都供養上師，是放下「我」最善巧的方便。你若完全地把身、口、意供養上師，也就是你成就的時候。我們說把身、口、意供養上師是自己的發願，是一種努力的方向。當「我」的想法和上師的想法產生矛盾時，你就得提醒自己，「我」的意已經供養上師了，所以只能根據上師的想法去做，不能再根據自己的想法了。上師的想法，就是佛陀的想法。如果你能這樣努力，就可以慢慢戰勝無明和我執。

通往彼岸的路，上師已經幫我們搭好了最近的鐵索橋。而且他在前面引路，你不用再懷疑鐵索橋是否會斷，不必擔心會不小心掉下去。只要每走一步都依照上師的指導，你走的將是一條最快速、最穩當的路！

根松仁波切在薈供法會上

視師即佛，不觀察任何過失

　　《金剛手灌頂續》說：「秘密主，弟子於阿奢黎所應如何觀，如於佛薄伽梵即應如是。其心若如是，其善常生長，彼當速成佛，利一切世間。」

　　在密乘修行中，要把上師觀想為金剛持或釋迦佛，深信上師即是佛。《空行金剛經》說：「一切如來身，勇敢菩提師。」《金剛帳經》亦說：「上師即佛為救度眾生所現的凡夫相。」金剛乘的一切成就，都要靠上師的圓滿灌頂，以及上師親傳的

正式引導，要有正確的傳承、灌頂、引導三步驟，這些都必須完全依靠自己的金剛上師。上師是如此的重要，你唯有對上師產生與佛無二的信心，才能把上師的口耳傳承當成正法，才能認識使自己脫離苦海的方便竅門。

我們最恩重的上師釋迦牟尼佛轉法輪時，度化了無量的眾生。然而這麼偉大的上師，他的弟弟提婆達多對他依然存有邪見；他的侍者善星比丘認為佛陀沒什麼大不了，只不過會發一點光，其餘的都跟常人一樣。當你的心處於不圓滿時，一切都是不圓滿，何況現在是末法時期。

上師代表佛、法、僧。你唯有把上師看作佛、是十方一切諸佛的總持，而且要比對十方諸佛更具足百倍千倍的信心，才能受到佛的加持，不再去觀察上師的任何過失。我們應當時時提醒自己不可以凡夫的境界去揣測佛的境界（上師的境界）。

真誠地供養上師，令上師歡喜

《廣布吉祥口授》中，文殊菩薩說：「藐視未來金剛持的人就是藐視我，因此，我捨棄他們。」又說：「住在上師體內的是我，接受供養的是我，他們取悅我，因此他們的業障被掃

除。」

《上師五十頌》說：「發生恭敬尊重心，供養咕嚕金剛師。則除苦惱病亂害，消後無復苦惱難。」又說：「自戒金剛阿奢黎，難施妻兒及自身，自命亦捨為拜師，何況富貴與財物？」

上師是密乘行者最珍貴的福田，供養上師的功德和供養十方諸佛的功德是一樣的，能夠迅速地圓滿自己的福慧資糧。這在密典中有廣大的開示。

許多人以傲慢等不清淨的心來供養上師，好像給了上師莫大的恩惠。其實一位具德的上師對一切的外境已無執著，他之所以接受你的供養，是為了增長你的福慧資糧，去除你的貪心。上師歡喜的不是你的東西，而是你供養時那顆虔誠心和感恩心。

即便你沒有東西，只要結一個手印，觀想將三千大千世界最美好的東西供養給上師，上師也會非常歡喜，十方一切諸佛也都會很歡喜。

一個人若能令上師歡喜，必當獲得無比的加持！

切勿與誹謗上師三寶者爲友

《密乘十四根本戒》第十條：「與誹謗上師三寶者為友。」

一個誹謗上師三寶的人，已經不再是你的金剛道友，因為他不僅完全違反三昧耶戒，而且違反了十四根本戒。他甚至已經不能算是佛弟子，因為他連最基本的皈依之體都破了，犯下了顯乘最嚴重的五無間罪（破和合僧）。密乘中說，對於這個人，你不可以與他共進一口食物，或說一句友善的話。甚至當他在你的夢中出現，也應視為最不吉祥的徵兆。你與這種人交友，就等於藐視你的上師，違反《密乘十四根本戒》。

為什麼不能與這種人為友呢？這裡要講一個在藏地非常有名的大成就者龍欽巴的故事：

龍欽巴有兩個尼僧弟子，她們誹謗上師，到處講上師的壞話。有一次，龍欽巴尊者正在舉行一個大灌頂法會，這兩個尼僧在法會進行到一半時來了。她們一踏進壇城，所有在場的人馬上都變成啞巴。後來龍欽巴取出了一個專門對治這種業障的伏藏《那洛敦珠》，所有的人才恢復正常。

這種人就像一棵大毒樹，沉重業障所散發的毒氣，一般行

者根本抵擋不住。與他們為友，慢慢的你也會受傳染，開始對
上師退心，懷疑甚至誹謗上師，斷失了你的慧命。

　　這種人愚癡的果報十分可怕。他們很可憐，所以你不能對
他們生起瞋恨心，而應慈悲憐憫他們。但一定要避開他們，並
虔誠地發願，祈請上師三寶加持讓他少做惡業。

無法生起信心時，該怎麼做？

　　正如止貢噶舉伽巴仁波切所說的：「上師法體似雪山，虔

德欽寺廣場

誠之心如太陽，加持甘露方可流，切記精培虔誠心！」

　　如果你對上師生不起虔誠和恭敬的真實感覺，將是修行的最大障礙。你應虔誠供養三寶、服務僧伽，依普賢七支供養積聚福慧資糧，懺悔業障，然後再虔誠地發願迴向：「願以此功德，淨除我自無始以來不恭敬、甚至於誹謗上師的種種罪業，讓我對上師生起強烈的虔誠與恭敬。」只要你真心的去做，終會對上師生起大信心！

生起邪見時，應如何對治？

　　由於行者自無始以來的習氣，有時難免會對上師產生邪見。一旦生起此類邪見時，應於當下痛悔對治，不可令它在身、口上表現出來。

1. 應想著上師即是佛陀，所做的一切無非為了利益眾生，絕不會有任何過失。我們之所以看到上師有種種過失的顯現，都是由於自己的業力所致。
2. 應趕緊憶想上師的恩德和誹謗上師的果報。
3. 應明瞭外境的一切不淨現分，也是由自己內心的不

淨所致。真正的行者應時時觀察自己的過失，對一
般的眾生尚且不應察其過失，何況是對自己具足恩
德的上師？

《菩提道次第廣論》中把依師列為整個道的根本，並引用
種種經論，總結出行者應以九種心依止善知識：1. 孝子心；
2. 金剛心；3. 大地心；4. 犬心；5. 僕使心；6. 除穢人心；7. 船
心；8. 輪圍山心；9. 乘心。

《了義炬》中開示要我們認識上師行為的正面。噶舉巴祖
師曾說：

這位寶貴完美的上師，
不論做什麼都是好的，
他的一切行為都是殊勝的。
在他手中，
即便是屠夫的壞工作也是好的，
也可以利益禽獸，
這是因為慈悲心的緣故；
當他行邪淫時，

他的品性增加，新品性產生，

這是方便與智慧相結合的象徵；

他用以欺騙我們的謊言只不過是善巧的標幟，

他以之引導我們走上自由之路；

當他偷盜時，

偷走的東西將變成生活的必需品，

可以紓解一切眾生的貧困；

當這麼一位上師呵責時，

他的話就是消除悲哀和障礙的有力真言；

當他打你時就是加持你，

可以產生兩種成就，

並且使所有忠誠和恭敬的人高興。

就如上面所說，修學者對上師必須體認其正確的一面，深切體悟上師的恩德，不受任何偏見染污，上師叫你做什麼就做什麼，上師要你怎麼做就怎麼做。只要你永遠堅信上師、依賴上師，就一定會相應上師！

根本上師

　　根本上師就是能令你證悟空性的上師。根本上師只能有一位，因為自己的心只有一個。現在你還不知道自己的根本上師是誰，因為你還沒有得到上師給你的明瞭自性的方便法要（「日巴紮瓦」灌頂）。只能說你有期望中的根本上師。有些人把佛陀、蓮師、某一位傳承中的上師當做自己的根本上師，這些都只能說是期望中的根本上師。依藏傳佛教正規的說法：根本上師必須是從直接攝受你的三恩上師中產生。

　　什麼是三恩上師？就是為你灌頂、傳承、引導（口耳傳承的訣竅）的上師。

　　三恩上師可能有一位，也可能有好幾位。在這幾位三恩上師中與自己最相應的，你在他的引導下進入了無上法要的修持，接受了他的「究竟灌頂」（即「日巴紮瓦」灌頂），這時才

能稱他是你外在的根本上師。但在虔誠地去追隨這位上師時，不能因此而忘記了其他上師的恩情，甚至對其他宗派具德的上師生起排斥心理或邪見。透過根本上師的心髓法要，逐漸地修證，得以覺悟自性中內在的上師，真實明瞭無二法藏的根本上師。

　　有些人在修加行的過程中（甚至連三恩上師都還沒找到），就開始以分別心猜測、選擇、確定自己的根本上師，這種做法我不贊同。要確認自己的根本上師，必須得到上師的「究竟灌頂」。

加持是怎麼一回事？

　　首先我們要知道什麼是加持？從究竟意義上來講，沒有什麼加持與被加持的分別。

　　在外器世間和有情世間，三世諸佛的加持是無所不在、無所不有的。所以一位徹悟法性的成就者，可以對一切的色聲香味觸法給予諸佛的圓滿加持。但眾生由於無始以來的無明而迷失了本有的自性，把種種幻象執為二元對立的實有。雖然諸佛無時無處不在加持著我們，可是眾生卻無法體會。所以對於我們凡夫而言，加持的獲得必須源於自他二力的相應才行。

　　首先，行者必須具備對上師三寶的虔誠之心，才可能消除業障，在身、口、意上得到不可思議的加持，甚至可以頓明自己的心性。所以，加持的關鍵在於行者對上師三寶的信心。你

有多大的信心，就可以獲得多大的加持。佛陀在世時，為什麼許多人見到佛陀或者聽佛陀講法就可以成就呢？關鍵即在於對佛陀具有絕對的信心。所以，每一個學佛者都應當知道信心是一切成就的根本。種種方便都是為了讓你儘快對上師三寶（善知識）生起完全的信心，最終證悟與諸佛無二的本性。相反的，沒有信心，修顯也好，修密也好，都不可能成就。即使釋迦牟尼佛在你面前、即便你拜了所有的大成就者，也同樣不可能有任何成就。

這裡就禪、淨、密三宗的特點，分析一下加持的含義。

禪宗

如果從自他二力來講，禪宗比較偏重自力。所以一般不講加持，一些祖師甚至會說「加持是自己加持自己」，或者乾脆說「求加持是一種著魔」。

這自然是祖師的一種方便。因為一個人如果過分執著於某一種境界、某一種覺受及加持的感應，而不以證悟本性為目的，是很容易產生偏差的，所以，祖師們就用這種方便來破除眾生的執著，使他對自己本有的佛性產生信心。但是只要仔細

留意就不難發現，加持始終存在於習禪的整個過程，祖師的棒喝和應機的接引就是最好的加持。單靠自力不求他力而證悟，對凡夫來說是絕不可能的。

淨土宗

　　與禪宗相反，淨土宗比較強調他力的作用，也就是依靠阿彌陀佛本願的力量。但往生淨土，一方面要阿彌陀佛願力的加持，另一方面要靠行者信願的力量。十念往生西方極樂世界最能夠說明我們心力的不可思議。一方面是阿彌陀佛成就了十念往生的願力，另一方面行者必須對於十念往生這個不可思議的願力深信不疑。如果對阿彌陀佛沒有信心，就算把喉嚨喊了啞也沒用。

密宗

　　正如偈頌所說：「上師法體似雪山，虔誠之心如太陽，加持甘露方可流，切記精培虔誠心。」

　　這裡很清楚地告訴我們，得到加持之流的必要條件：一是

雪山，就是真正具德的上師；二是陽光，就是弟子虔誠之心，這樣才能產生加持的甘露。密乘的加持必須具備這兩方面的條件才行。所以，一開始要先找到具德的上師，上師幫助行者消除修行道路上的種種違緣障礙，以及為增加行者的信心而對身、口、意做種種調伏。

一位具德的上師可以有種種方便，能在灌頂時加持具足信心弟子的身、口、意，把成就四身的種子植入弟子的心裡，所以必須把上師視為三世一切諸佛的總持。

對於具足絕對信心的弟子，上師完全有能力通過以心印心，讓他當下明瞭自性，明瞭我們真正最可貴的皈依之體，頓超輪迴苦海。為什麼說根本上師是無始至今唯一的救怙主呢？因為過去生一直到現在，我們遇到的一切諸佛都無法令你明瞭的東西，上師卻讓你當下明瞭了，所以說上師的恩遠超過一切諸佛的恩。

總之，我們應當知道加持真正的來源是行者的信心。所以，如何不斷培養對上師三寶的信心，可以說是行者修持過程中最關鍵之所在。

從阿底峽尊者的三個弟子說起

在《阿底峽尊者傳》中有這麼一個故事：

尊者有三位主要的弟子，一位是仲敦巴尊者，他是上師的翻譯兼侍者；一位是蔣曲仁青，他是上師的侍者，專門負責上師的衣食住行。他們兩人一天到晚忙於護持上師，自己少有時間專門修法。還有一位是貢巴瓦，他專心修法，每次向上師請法之後，就精進地閉關修持。在貢巴瓦想來：我一定會比他們兩人修得還好。但尊者圓寂之後，貢巴瓦才發現自己的證量遠遠不如仲敦巴和蔣曲仁青，尤其是仲敦巴尊者。由於仲敦巴尊者真正把上師看作諸佛的總集化現，以自己的身、口、意恭敬供養上師，最終繼承了尊者所有的傳承心要，成為尊者最傑出的弟子。

　　這是藏地非常有名的公案，告訴我們隨侍上師不可思議的功德。有些人聽了這個故事可能會想：「既然侍候上師的功德比修法的功德殊勝，那我現在不用修法了，只要隨侍上師就可以了。」這種想法對不對？當然不對。這裡我要說另一個故事。

　　同樣是上師的兩個弟子，一位整天在上師的身邊，另一位則一年要見上師一面都不容易。那位整天留在上師身邊的弟子漸漸覺得上師沒什麼了不起的，雖然外表依然表現得很恭敬，但內心卻越來越不能相應上師，經常觀察上師，對上師所做所行總是心懷疑慮。另一位弟子由於沒有太多的時間親近上師，所以每次與上師相聚總是充滿法喜，像珍護自己的眼珠一般護持三昧耶戒，無論走到哪裡，始終與上師心心相印，從未退失對上師的虔誠和感恩之心。哪怕是上師最普通的開示也奉為珍寶銘記於心，遵循上師的教導精進如法的修行。最終的結果自然與第一個故事截然不同。

　　為什麼相似的故事卻有兩種完全不同的結果？問題的關鍵並不在於侍候上師和專職修法的區別，而在於弟子對上師的信心和相應的區別。像仲敦巴對阿底峽尊者那樣不二的信心和相應，無論是閉關修法，還是侍候上師，都一樣可以獲得殊勝的

成就。相反的，你若對上師沒有什麼信心，就算天天留在上師的身邊，又有什麼功德可言，反而只會增長無量的過失。佛陀在世時的善星比丘，就是很好的例證。

在藏地有一句俗話：「離上師最近的地方，也是離上師最遠的地方；離上師最遠的地方，也是離上師最近的地方。」就是這個道理！

為什麼侍候上師會有殊勝的成就呢？因為真正以清淨的虔誠和感恩之心來侍候上師，本身就已具足六度，這是破除我執、淨除業障、圓滿福慧的殊勝方便。就像仲敦巴尊者所說的：「侍候上師就是最好的修法！」又如藏地流傳的俗語：「經常在上師的身邊，就好像是放在檀香木箱裡的木塊一樣，會不知不覺地薰染香氣。」

因為一位真正具德的上師，所做的一切無不是為了利益眾生，而且他具備真正度化眾生的能力。不像一般的學佛者，利益眾生只能從發心上說（因為他還不具備度化眾生的能力）。隨侍上師就是間接的弘法利生。像仲敦巴尊者和蔣曲仁青那樣真正地把身、口、意供養上師，替上師處理裡裡外外的事，使上師能全心全意地投入弘法利生的事業，其功德是不可思議的。再者，留在上師的身邊，如果能真正與上師相應，就等於在上

師的壇城中，自然可以獲得大的加持。此外，上師還可以用種種的方便來破除你的我執，隨時隨地糾正你的習氣和錯誤的知見，所以成就是無可懷疑的！

可悲的是，現在很多上師的侍者和弟子都不暸解這一點，不懂得把侍候上師當做一種修法。就像一位大成就者所說的：「愚蠢的人不僅不懂得積聚自己的福德資糧，還會把別人硬塞到他嘴邊的福德吐掉！」

有些弟子稍微替上師辦了一點事，就認為自己對上師有恩德，想著：我為上師做了這麼多的事，怎麼沒有回報？其實把上師與佛無二地看待，首先就是為了真正地把「我」放下，再進一步說是為了利益有情，為了法的緣起。有的侍者身、口、意不清淨，留在上師的身邊並不是為了法，而是貪圖上師的錢財，或者整天觀察上師的過失，甚至挑撥離間，和上師的弟子鬧矛盾，以致親近上師成了他墮落金剛地獄的因！也有人侍候上師一段時間以後，離開了上師，就開始說上師的壞話，破壞人們對上師的信心，成了真正的大魔頭！許多殊勝上師的利生事業就毀在這些人身上。

在藏地還有句俗話：「上師就像一團火，離得太遠你會感到寒冷，離得太近你會燒焦。」

　　我們在未對上師生起真實的信心之前，還是要不遠不近地親近上師為好。為什麼？因為上師所顯的是凡夫相，靠得太近，我們無始以來的無明習氣，會不知不覺地觀察上師的過失，或者與上師相處日久，習以為常，內心麻木了，生不起真正的虔誠和感恩之心。所以要當好上師的侍者並不是一件容易的事，甚至比修法還難！這些年來，我通常不帶侍者也是這個原因，就是怕害了他。

　　上面的兩個公案，其實是告誡每一位密乘行者：在上師身邊和不在上師身邊，應當怎樣如法地修行。仲敦巴尊者是所有留在上師身邊弟子的榜樣；而第二個公案則是告訴那些不常在上師身邊的人，應當怎樣如法修行。

　　各人的因緣不盡相同，作為密乘的行者，不管走到哪裡，心始終不能離開上師、本尊、空行，這是最重要的。

·加行篇·

密乘四加行

在密乘修法中，修完共同前行之後，就要進入不共前行的修法。不共前行中有皈依發心禮拜、修行金剛薩埵的懺悔法、供曼達、上師相應法。

皈依發心

這是透過自己對上師三寶的信心，然後身、口、意相應地去做。

身：以禮拜表其誠敬；口：念誦祈願文（各傳承的祈願文可能不盡相同）；意：誠意地皈依禮讚上師三寶，摯誠地發菩提心。

懺悔

懺悔是用四力（依止力、破惡力、恢復力、對治力）。懺悔的方法是觀修金剛薩埵、念百字明咒，來消除無始以來因無明之故，由身、口、意所造之諸惡業。

積累福德供曼達

供曼達有法、報、化三身曼達。

- **法身曼達**：是超越輪涅的曼達。這個大家可能還做不到，這要在定中，把所有覺悟的智慧供養法界的諸佛菩薩。
- **報身曼達**：自己觀想為宇宙，身、口、意，內、外、密，觀想為完美的供品以供養。
- **化身曼達**：用金屬的圓形供盤，按一定儀軌供上寶石、米、石頭等，觀想三千大千世界中最完美的東西來供養。沒有曼達盤，結個手印也可以觀想供養。

根松仁波切在草原上為弟子開示

上師相應法

　　把上師看作與佛無二無別，甚至比佛還重要。因為我們在
沒有成就之前見不到內在的佛，只能見到覺悟者上師。上師的

覺悟就是佛的覺悟。上師的心是佛，語是法，身是僧。如果你把上師當做普通人，就無法領受真正的加持，就不會重視上師所傳的殊勝法要，以致障礙了自己開悟的道路。如果你真正把上師看作與佛無二，那麼你念阿彌陀佛，上師阿彌陀佛就在眼前，何愁不往生呢？

　　上面所講的密乘不共加行的修法，是積聚資糧、淨除業障的殊勝修法。修四加行的最終目的是為進入本尊修持打下堅實的基礎。依照密乘的修法要求：每一加行都要修滿十萬遍。有些弟子並不知道修加行的目的，只知道盲目地追求數量而忽略了品質。這樣修完了十萬，菩提心還是沒真正地發起，對上師三寶依然沒有真正的皈依，即便修了十萬的「皈依發心」，又有什麼作用呢？

　　數量並不是毫無作用，它可以鞭策不想修法的懶惰者，給他們訂個任務。如果你能夠在保證品質的前提下再去追求數量，那是最好的；否則，我還是建議你先保證品質，禮拜一次就要有一次的效果，念一遍咒就要有念一遍咒的相應。這樣即便你沒有完成十萬遍，但你的心已經達到四加行所要達到的目的，也算做完了四加行，一樣可以進入本尊的修持。

再談四加行

　　在座的諸位，顯密都皈依過了吧！有的皈依已經很長時間了。今天我們就談一個很平常的問題，就是皈依的問題。許多人可能會說：這個問題我早就懂了。但是不是真的懂了？你的皈依是口頭皈依，還是身、口、意真正的皈依呢？大家都要想一想。

　　什麼是皈依？皈依可分為分別皈依和真實皈依。

　　真實皈依也就是皈依自性的上師佛、法、僧，是無分別的皈依。

　　分別的皈依，根據發心的不同，可分為：人天乘的皈依、小乘的皈依、大乘的皈依、密乘的皈依。

　　• 為了現世的安樂和人天的福報而去做的皈依，是人

天乘的皈依。

- 小乘的皈依是體會到輪迴的苦，發現唯一可以幫助我們逃脫輪迴苦厄的只有三寶，為了個人的解脫而皈依三寶。

- 大乘的皈依不僅是為了自己，還要為了所有眾生一起解脫輪迴而皈依三寶。

- 密乘的皈依是真正把上師視為與佛無二，作為三寶的總持，去皈依上師三寶。

這些理論大家可能早就知道，甚至都會說。但心裡是不是真的如量生起皈依之心呢？也就是說，自己真正體會到輪迴的苦，而且很迫切要逃脫輪迴。在這輪迴苦海中，我一分一秒都待不住，而唯一的救怙主是上師三寶，所以我的身、口、意全部皈入到上師三寶。這樣迫切的心，大家有沒有生起？這是關鍵的問題。

認清自己的皈依發心

有一個故事是這樣的：

　　上師問一位弟子：「你是做什麼工作的？」

　　弟子回答：「醫生。」

　　「什麼醫生？」

　　「戒毒醫生。」

　　「對一個吸毒者來說，他對毒品的渴求性，會像什麼樣子？」

　　「像生命一樣。」

　　上師接著說：「我們皈依三寶、皈依上師本尊空行，就要像吸毒者對毒品的渴求一樣。把上師三寶看得比生命還重要，就像吸毒者一想到毒品馬上就坐不住了，其他任何東西都可以捨棄。如果內心的渴求能夠達到這種程度，說明你已經真正達到相對的皈依了。若有這樣的心，你便不用修十萬、八萬的皈依；若沒有這樣的心，就算修十萬、八萬、甚至二十萬的皈依都不夠。」

　　在我們的開示錄中還有個比喻：一個在沙漠中走了很長的路，就要渴死之人對水的渴求性。對他來說，還有什麼比水更重要的？我們必須要生起這樣的心才行。許多人皈依要做什麼，「皈依發財啊！」學佛學了這麼長的時間，修法修了這麼多年，還不懂得輪迴之苦和三惡道的可怕，如果明天死了，你

怎麼辦？真是可悲可憐啊！所以大家一定要多想想輪迴的苦，生死無常，因果報應。

進一步地，我們要發起利益眾生的心。許多人往往怕犧牲自己，自作聰明地保護自己的利益而損害別人的利益。真正有智慧的人卻會犧牲自己，成全別人。為什麼？利人就是利己。肯犧牲自己的人才能有大功德，大福報。有了真正無量的心、無我的心，世間圓滿，出世間也圓滿。

有些人的發心是為了某種狹隘的利益，處處為了「我」，這種發心是很可悲的。實際上，我們都把生命的真相弄錯了。「我究竟是誰？從何處來？又往何處去？」這些問題我們都不清楚。我們本來擁有一個無量的聚寶盆，你完全有能力在聚寶盆裡任意挑選，使自己的聚寶盆發揮無量的妙用。可是你那狹小的心把自己障礙住了，只想著聚寶盆角落裡的某一個東西。

所以希望在座各位好好整理整理自己的皈依發心。剛才大家祈請上師的時候，許多人都哭了。哭什麼呢？有的是為自己而哭，有的是為眾生而哭，還有些是相應的淚水，充滿對上師三寶的感恩心。同樣是流淚，功德卻大不一樣。

有些人始終把「我」放在第一位。學佛本來是為了破除我執，可是越學，「我」卻越大。在任何人面前，在任何情況

下，即使是在父母面前，都是這樣。甚至當父母死後，遺體放在那裡，你哭了。哭什麼呢？很多人是這樣的：不是哭「唉呀！我的父母死了，多可憐、多可悲啊！他活著時沒有好好修證，將要面臨再一次的輪迴，會墮到什麼地方還不知道。如果墮到地獄、三惡道中，是多麼可怕呀！」為了父母將要面臨這些痛苦而痛哭。

大部分人是怎樣的呢？「爸爸，你死了，我怎麼辦？我怎麼活？」不是為爸爸哭，而是為了自己哭。這個「我」，在任何條件、任何人的面前（包括自己的父母），始終排在第一；只要傷害到「我」的利益，任何人都不原諒。

我執的可怕

西藏還有這樣一個故事：

有一位母親天天在佛面前祈請：「佛啊，請加持我，一定要讓我比我那孝順的兒子先死。請您加持我心愛的兒子長命百歲！」

兒子心想：「母親真的很疼愛我。」後來有一天深夜，兒子裝扮成惡鬼的模樣，嚇唬母親：「噢，老奶奶，今天我要吃

了你！你的兒子睡在哪裡？我今天要麼吃你，要麼吃你兒子，由你決定吧！」

「我的兒子就睡在那邊！」她趕緊指著隔壁房間說。

所以，我們的我執可說是根深柢固，關鍵時刻為了「我」，連母子情份都沒有了。沒有大福報、大寬容心之人，根本沒辦法破除我執。有的弟子一見面就說：「上師，我將身、口、意供養您。」可是沒兩天便開始說上師的壞話了。

為什麼要把身、口、意供養上師？並不是上師要這些，而是這樣可以最快地破除我執。我執是造作輪迴和痛苦的主要根源。我們的本性是毫無罣礙、原本清淨的，可是我們卻錯誤地以為有一個真實的「我」存在；有了「我」之後，就進一步執著「我」所擁有的一切；有了「我」，便有了「你」和「他」的真實存在，卻不知道這一切都是幻化的。就連在夢中也有「我」，在中陰還是有個意形身的「我」。

有弟子問我：怎麼樣才能說明自己學佛有進步？是不是要見到佛呀、神呀，有了神通才算進步？不是的，學佛有沒有進步，第一要看你的我執有沒有減輕，再進一步要看你對上師的信心，對眾生的悲心有沒有增長，這才是關鍵。

所以，學佛不要停留在文字上。講皈依，心裡卻沒有真正

的迫切感，甚至發心也只是形式上而已。我經常講，學佛首先要改變自己，而不是改變別人。對於那些錯誤的觀念，自己一定要改變！許多人都說習氣難改，為什麼？因為我們無始以來一直都習慣生活在錯覺中，我們太習慣這種錯覺了！更主要的是這種錯覺已經成為一種非常強烈的觀念，使我們一直覺得這就是真的，這就是對的。

　　所以我們要有懺悔之心。先不要認為我一定對，先想一想我可能是錯的，好好反省自己。懺悔最主要就是要糾正自己錯誤的觀念。當同樣的錯誤重複了許多次，就表示一定有個錯誤的觀念在你心裡作怪。唯有把這個錯誤的觀念徹底轉變，同樣的錯誤才會停止。所以，修行一開始可以說是修正錯誤觀念。修行其實不難，問題在於我們不肯改變積習已久的錯誤觀念。

　　進一步說，像普賢七支頌所說：「未證菩提深懺悔！」我們本來有和佛一樣清淨圓滿的佛性，而無明貪瞋癡把這張白紙染上了赤橙黃綠青藍紫各種顏色。我們憑白地在六道中輪轉，冤枉生，冤枉死，冤枉受苦。這難道不應該深切懺悔嗎？先要把握自己，進一步要改變自己，圓滿自己。圓滿自己，你的身體就是佛的壇城，同時也是寶瓶。為什麼不好好努力呢？

　　（請參閱「關於懺悔」的開示）

　　我們從小乘到大乘，從大乘到金剛乘，從金剛乘到無上密乘，一個層次一個層次修上去。其中最關鍵的是對上師的信心，以及和上師的相應。我們的弟子中也有這樣的：大圓滿的心髓法要傳了以後，就以為可以自己修，上師相應法已經不是那麼重要了。過了一段時間才明白自己錯了，瞭解到上師相應法才是最主要的。密乘的修行方法和顯乘的差別，主要是與上師的相應。從一開始的生起出離心到最終圓滿的證悟，都離不開上師的加持。這種借助他力的修行方法，是一種快速成就的修行方法。所以，薩迦派說，上師相應法是最大的法。當然，這種加持的大小，取決於你對上師信心的大小，所以，上師瑜伽就是修上師與諸佛無二，上師就是諸佛的總持，上師的身、口、意就是佛、法、僧，因為只有這樣才能獲得大的加持。

　　當我們生不起精進心時，就應當先在共同前行的出離心上找一找。你的出離心究竟怎樣？然後再從不共的加行中找一找。是丟了皈依，還是丟了發心？還是丟了懺悔心和對上師的信心呢？我們要時時刻刻這樣整理自己，修行的方式對不對？發心對不對？觀念對不對？對於修行有沒有迫切感和精進心？不要只是一種數目上的修持。

　　希望大家都能精進地修行！

十四根本戒

　　十四根本戒又稱十四根本墮，是密乘四大傳承公認的根本
大戒。學密法最根本的就是戒律，破了戒就是斷了學密的根，
我們就沒有辦法即生成就，而且現世就會有種種不好的徵兆，
死後將會墮入金剛地獄中。

　　我們要從密乘道上走到究竟，必須要有正確的道路。眾生
由於無始以來業障深重，在沒有戒律的情況下，會不由自主地
隨過去的習氣走。大成就者為修學密乘的弟子制定了十四根本
戒，就是讓我們在到達彼岸之前，避免走錯走偏的十四個重要
路標。另一方面則要求我們要時刻牢記自己是密乘弟子，應以
密乘的德行來感化眾生，弘揚佛法、救度眾生。

　　十四根本戒不僅關係到行者個人的成就，亦關係到整個大

密乘的弘揚，因此每一個學密的弟子都必須明瞭，謹慎護持。

第一戒：對上師身、口、意不恭敬

這是弟子對上師的戒律，即行者對上師是否恭敬，身、口、意是否與上師相應，是否按經論所說恭敬地供養上師。此為十四根本戒中最重要的一條。因為密乘行者成就與否，完全取決於上師的口耳傳承和引導。因此，不恭敬上師，甚至違背、誹謗金剛上師，是密乘中最嚴重的犯戒。

當你向上師求得傳承、灌頂、引導、開示、乃至某一本尊心咒時，就與之建立了密乘的師徒關係。若對這位上師不恭敬、不信任，那麼對他所傳的法也沒有正見，對你來說這個法是沒有用、沒有加持的，無論你如何精進地修學都無法成就。

弟子對上師不恭敬，主要表現在三方面：

身不恭敬

譬如：打上師；上師講法時，自己坐在高處；上師來往時不起立；故意坐在上師的法座上；用腳踩上師的影子，從上師的衣物上踏過；未經上師許可動用上師的法器、法本和其他物

品；取笑上師身體上的缺陷；拍上師的肩、眼睛瞪上師、手指著上師的臉說話；對上師的法像不恭敬，隨處亂放，以及其他對上師不恭敬的行為等等。

□不恭敬

不聽從上師的教導，有三種不如法的表現：耳不聽、心不記、無誠意而聽。耳不聽似倒扣的碗，無法輸入善知識；心不記如漏底的碗，上面進去，下面出來；心不誠，非為聞法而專為觀察上師的過失而來，就如碗不乾淨，注入的甘露也會變成毒液。

語不恭敬指不仔細聽上師傳法，打斷上師說話，說上師的風涼話或對上師不利的話。弟子應對上師建立起如佛一樣的信心，上師的教導應視為正法來信仰，因為密宗靠的是口耳傳承，上師講的都是訣竅，你若不恭敬上師的口傳，就無法成就。這是密乘行者最大的障礙。

意不恭敬

怨恨上師、瞋恨上師，以及其他對上師不淨的想法；用種種方式擾亂上師的心；對上師引導的法不如實觀修，憑自己想

像去修，從戒律上講，起念時已經犯戒，應立刻懺悔。如果你擾亂上師的心，就應當向上師求得原諒。

本戒主要指弟子從內心生起瞋恨或其他邪見，以誹謗、行為不恭敬、欺誑、打罵等方式擾亂上師身、口、意，自作、教他作、見他作而隨喜，都屬犯戒。其破戒的界限為引發上師不認弟子，弟子也不認上師，失去師徒關係。如果因而失去上師，以後想懺悔也沒辦法。因為密宗的懺悔方式是依靠金剛薩埵本尊或依靠一種壇城，觀想時將本尊及壇城等觀想與自己的金剛上師無二。現在將金剛上師拋棄了，要怎麼懺悔？如果對一位上師破了上師戒，就等於破了所有的上師戒，就算再拜其他上師亦無濟於事。對過去所拜的上師不恭敬也屬犯戒。因為這條戒的上師不單單指你依止的上師，而是指所有與你有師徒關係的上師。

第二戒：不遵守顯密的律儀，違背師命

這條戒主要是講你在進入密乘之前，若受過別解脫戒、菩薩戒等顯乘的戒律，進入密乘之後，如果不遵守這些顯乘的律

儀，不僅違犯了顯乘戒，亦是違犯十四根本戒。

　　不遵守密乘戒，違背師命，主要是指在修法方面犯了三昧耶戒。例如：在密典已明示若未受灌頂，未有傳承者不得擅自翻閱，而你心中不以為然，自己去翻閱修學。另外，在觀修過程中不按照法的儀軌和引導如實去修，而依據自己想像胡亂增減或改造。對上師引導之法以及三傳承法產生懷疑，認為這些是非佛法，都是違犯了此條戒。

第三戒：對金剛兄弟起怨諍

　　金剛兄弟有遠、近、內三種。遠的指皈依了三寶的眾生；近的指入了密乘的佛弟子；內的指同壇金剛兄弟，即同一個上師傳承、灌頂的金剛兄弟，尤其是同受無上灌頂，這種金剛道友可以說是同父同母的兄弟，彼此之間更不能互相爭鬥、怨恨，否則我們就無法弘揚佛法。因為單靠一個弟子是不可能弘法的，必須所有金剛道友團結一心。

　　有些弟子進入密乘後，也帶領一幫人學密法，但是他卻不懂得好好引導他們，反而慢慢地分幫結派，彼此爭鬥不斷，還跟人家說密法好。好在你們之間相互爭鬥嗎？人家看到你們這

樣，誰還敢學密法呢？

當然，凡夫聚在一起不生一點瞋恨心、嫉妒心，不產生一點矛盾是不可能的。一旦生起瞋心，就應該趕緊對治。如果生起瞋心之後再去打罵、污辱對方的話，就犯了此條戒。這是一條特別容易犯的戒，希望大家要小心護持。如果由於無始以來的習氣而造成犯戒的話，應及時懺悔。

（一弟子問：用慈悲心去打罵對方，是否犯戒？）

如果確實是慈悲心，沒有一點瞋恨、嫉妒心，而且沒有其他更好的方法可以幫助他改正的話，打罵是不犯戒的。但要考慮對方接受與否。如果對方根本無法接受，反過來怨恨你的話，應設法消除他的怨恨，否則仍屬犯戒。

第四戒：忘失慈悲心嫉有情樂

這條戒純屬心戒。如果對任何一個眾生起這樣的念頭：如果他能遠離安樂，我就高興。一旦心裡動了這樣的念頭，就犯了此戒。打個比方說：今天和某人吵架，便在心裡說，如果讓他下地獄，我就高興；這個人從現在起世世代代，即使我能度他也絕不度；或者對乞丐等其他苦難眾生說：「他們活該！應

該那樣！」等等，都屬於犯戒。

我們之中有些人只顧自己的安樂，卻不顧他人的死活。甚至還持黑咒，詛咒他人。有些人修學密法不是為了普度眾生，而是為了某一種神通，只為了在大眾面前顯現自己的威力。看《密勒日巴尊者傳》不是為了學習尊者如何苦行、如何成就，而是嚮往尊者的黑咒等等。這些都跟自己的慈悲心相違，都犯了此戒。

第五戒：畏難不度，退失菩提心

此條講遇違緣時，便會捨棄菩提心，生起「眾生難度我不度，佛果難成我不想成佛」等念頭，即犯此戒。

有些弟子進入佛門，發了大願，為自他共成佛道而修持，但在修學的道路上遇到了違緣，就開始退失信心。卻不知自己發了大願之後，不僅是你自己的業障，還有眾生的業障都會顯現在你的身上。誰沒有違緣？即便是上師們在弘法過程中都會有許多違緣。問題不在於有沒有違緣，而在於如何去克服。遇到違緣時，應想到這是自己的業力所致，更應生起精進心，靠著修持的定力去克服。

根松仁波切賜予信眾加持甘露丸

　　有的弟子學密之後，拜了很多上師，接了很多法，可是後
來看到密乘行者的難行苦行，便開始對密乘退失了信心，不想
學密法，這也屬犯戒。

第六戒：輕顯重密，誹謗顯密經典非佛說

　　密以顯為基礎，兩者是相輔相成的。如果沒有顯的基礎，密亦無所謂密。而在末法時代，單修顯乘的教法是難成究竟果位的。一個密乘行者不應該用分別心去輕視、誹謗顯乘。比如說：心裡想著密乘即身成佛殊勝，顯乘要修三大阿僧祇劫不殊勝；或者修道果者認為大圓滿不殊勝，修大手印者認為中觀不殊勝等等。這樣想都是犯此條戒。如果把這些想法跟其他人說，更是嚴重犯戒。

　　另外，上師是佛、法、僧的代表，如果你認為只有自己的上師殊勝，而說其他上師有如何的過失，亦犯此戒。為度化眾生而應該講自己的傳承和上師的殊勝，但你若排斥和誹謗了其他的傳承，就犯此戒。

第七戒：洩露密法引起誹謗密乘

　　此條是講未經上師許可，輕易把密法公開洩露出去。我在漢地也曾經遇到這樣的人，他們為了做善事，就把上師傳的法像傳單一樣到處傳啊，發啊，讓別人修。既不知法的律儀，亦

不知上師傳法的嚴密，還自以為在弘法利生，殊不知已嚴重犯戒，遇到業障現前還怨天尤人，說自己做了這麼多好事還不得好報。

我們說密法注重的是傳承。在沒有傳承灌頂的情況下，你把密法給了他們並不是在幫他們，而是在害他們。而且每一個法都有他的護法，你這樣做，護法能原諒你嗎？

第八戒：損害自己的肉體，影響修行

在顯乘中的四念處，有「觀身不淨」這一念處。世尊在經典中也曾多次開示這個身體是一切痛苦的根本，是如何地不清淨，以此來消除眾生對身體的執著和愛戀。然而在勝義諦的見解中，一切法本自清淨，一切法皆是佛的壇城。

密乘是屬於果位的修法，其見地自然有別於屬於因位的顯乘修法。密乘上說，我們的身體即是佛的壇城，五蘊即是五佛，都是清淨的。進了密乘之後，如果你對這個見解不但不相信，反而加以輕毀，並且用種種方式來損害自己的肉體，使自身五蘊受了不必要的苦，就犯此條戒。

有些密乘行者為了表達自己的虔誠，以燃指、燃臂、燃身

等等方式來供佛，都是犯此條戒。為什麼不可以讓自己的身體受到損害呢？因為在密乘中要修氣、脈、明點，自身的氣脈受到損害，將對修氣、脈、明點產生嚴重的影響。

有些人一聽到這種說法，又會說那我以後修行再也不用吃苦了。這種講法對嗎？當然不對！修法中一點苦都不吃就可以成就，那是上上等根器。因為他們多生累劫積累了許多資糧和福報，所以這一生不必吃苦就可以成就。但對於一般凡夫來說，為修法而吃苦是應該的，而且應視為莊嚴的事。因為這是在消除你的業障，積累你的資糧。（為了修法而過午不食、斷食等等，都不犯此戒。）

許多人說學佛很苦很難，可是不要說比起你無始以來所受的苦，就是比起你今生幾十年來追求世間所受的苦，這些苦又算得了什麼？而我們學佛以前為了追求世間名利不擇手段，東南西北地去拚、去闖，這些苦你想過沒有？再想想無始以來在地獄、餓鬼、畜生道所吃的苦，這樣比較起來，學佛所受的苦又有多少呢？可是我們的弟子就是做不到，閉關個二、三天就喊苦、喊累，跑來問上師：「有沒有什麼更方便的方法，一個咒、一個灌頂，就可以讓我馬上成就？」

有些弟子會說：「上師，您的意思就是不要吃飯，只管修

法了？」不是說不要吃飯，而是說不要過分去貪著，去追求世間法。有些弟子的財富一輩子都用不完，卻還是要去賺錢，不肯好好學法，這就不對了。

為了學法而吃苦是非常幸運的。我們無始以來在六道中枉受了無數的苦，造了無數的業，是因為沒有遇到佛法這個善知識。如今遇到了，只要吃一點苦，就可以解脫輪迴的苦，最終成就佛果，這樣的苦為什麼不吃呢？所以不可以誤解此戒的含義。

第九戒：懷疑自性清淨，持邪見性空正法

這條戒主要是說對緣起性空的錯誤認識。從真諦上講，一切法都是清淨的，眾生與佛無二。一切法究竟都是空性的、無二的，輪迴與涅槃無二，一切音聲都是清淨的梵音，極樂淨土就在心中等等。對於這些境界雖然你還沒有證到，但卻不能懷疑這些不存在，甚至毀謗它，否則就犯了此戒。我們應該提醒自己雖然還沒有達到那種境界，但那是佛所說的，一定是正確的，並且不可對自性的清淨產生懷疑，而應發願自己能早日證悟真諦。

　　從俗諦上講，眾生與佛是不一樣的。眾生是無明雜染，佛卻是覺悟清淨的。當眾生處在不淨現分的時候，輪迴和業果都是真實的。如果你否定俗諦的道理，認為無因無果等等，也是犯此條戒。

第十戒：與誹謗上師、三寶者爲友

　　一個毀謗上師、三寶的人，已經不是你的金剛道友了。因為他已經犯了皈依戒，破了戒體，不僅不能算密乘弟子，甚至不能算佛弟子。因此不可與這種人為友，一些秘密的東西和上師的因緣等等，都不能對他講。如果你知道他毀謗了上師、三寶，就應當躲開他，不再與他交往。你甚至不可以再對他說任何友善的話，他所講的話你都不能聽受。如果你與他為友，便是不尊重上師、三寶的表現，同樣是犯戒。

　　為什麼不能與他為友呢？因為這種眾生往往會得到魔的加持，一般的行者不僅無力度化他們，反而會被他們染污，退失對上師、三寶的信心。不與他們為友並不是要瞋恨他們，而應當想到他們可怕的果報，更加生起慈悲心，並祈願上師、三寶加持他們不要再造作這樣的惡業。當聽到他們在毀謗時，就應

該阻止；若阻止不了，就不應該再與之為友了。

第十一戒：對不變樂所生慧的妙法以分別心去揣測

密乘是果位的修法。這個果位的修法就好比說：這個蘋果已經成熟，你摘下來就可以吃了。而你如果要從開荒、撒種、育苗、施肥開始，直到樹長大，經過辛勤地培育，結出蘋果後再來吃，需要等待很長的時間。果位的修法就是說這個「蘋果」，上師（佛）已經幫你培育好了，就擺在那裡，現在你只要張口就可以吃到。

正因為密乘是果位的修法，所以許多的修行方法是比較殊勝的，用凡夫的心並無法揣測。許多密乘的修行方法是不可用言語來解釋的，必須要你真正去實修，才能知道其中的奧秘。而你自己不去吃「蘋果」，卻用凡夫的心來揣測上師給你的這顆「蘋果」會不會有毒、這顆「蘋果」是大是小，就犯了此條戒。

許多大成就者說：「極樂世界，我現在已經到了。」許多人不相信，於是開始揣測。其實大成就者的心與佛的心是無二的，這難道不是到了極樂世界嗎？所以用低層次的眼光去揣測

高層次是不行的。

第十二戒：誹謗密行者不符合世俗的行爲

（注：這一條戒，也有說「不說真密法，障破善根」。但在本傳承，此條被歸入八粗墮之中。）

這裡不符合世俗的行為是指如：閉關不務勞動，使用一些特殊的法器、甘露，還有密行者為度化眾生而顯現的瘋癲行等善巧方便。

第十三戒：不如法使用法器，把密供物視爲不潔而拒絕食用

這條戒是說對於密乘法器（金剛鈴、杵、骨飾、瓔珞、頭蓋骨、手鼓等）不如法使用，以及對於五肉、五甘露應當用時而不享用，對於蕾供的酒、肉，視為不潔而拒絕食用，就是犯此條戒。

不可誤解的是，這裡並不是叫你非吃肉、非飲酒不可。在不影響身體的情況下，不吃肉是允許的，而且值得提倡。顯乘

不能喝酒，密乘也不允許。作為剛開始學密宗者，絕不允許飲酒。修行到一定程度的瑜伽士為了打破自己對清淨與不清淨的分別心，就專門使用這些。現在我們還沒到達這個境界，便不應該去打破，也不允許打破。

就現在而言，我們可以分別也應該分別，清淨的就是清淨的，不清淨的就是不清淨的。若說一切都清淨就什麼事都去做，那就是墮入金剛地獄的一個重要因緣。沒有到那個層次就不允許，到了那個層次就應該做，這是一個修行的次第問題。

阿底峽尊者專門找脾氣大、不講道理的人來當他的侍者，作為自己的修行方便，以這種方式來修忍辱。可是如果沒達到那個層次的人找了一個容易生氣的人在身邊，肯定會一天到晚火燒功德林，就是這個道理。

但是我們心裡一定要知道，一切法的本性都是清淨、平等的，這是毫無疑問的，並且應當發願自己能早日受用這些殊勝的法器及甘露，因為這些都是打破自己執著很巧妙、方便的方法。如果沒達到就飲酒，便是犯戒的行為。密宗上講喝酒，你就整天拿著一瓶酒搖搖晃晃的，那不是犯戒又是什麼呢？

十四戒：誹謗女性，懷疑女性不能即身成佛

本性原本空性，這就是空行母之意。在本性上沒有男女之分。在密乘中，女性同樣可以即身成就，所以不可以輕視修行的女性，對不學佛的女性也不能有偏見，把她們看成是低級和骯髒的。如果心裡這麼想，並且對人說女性如何不好、女性不能即身成佛，就是犯下此戒。

以上十四條戒，以第一條最為嚴重，然後依次排列到十四戒。你若破了第一戒，其餘十三戒就算守得再好也無濟於事。

由於我們無始以來的習氣，要做到完全不犯戒是不太可能的。犯了戒之後，應及時向上師懺悔，或者金剛道友之間互相懺悔。在犯戒的四個小時內，懺悔比較容易而且不算破戒；若過了一天一夜，就失戒了，但還是容易懺悔，懺悔後要再受灌頂；若超過一、兩年就嚴重了，懺悔起來也不太容易；過了三年之後，依金剛薩埵的修法，也許不會墮入金剛地獄，但已經破了三昧耶戒，是會有因果的。

希望大家好好守戒，犯了戒應及時懺悔，並應依四力而行懺悔！

懺　悔

如何懺悔？

誰都會犯錯，除非是聖人。問題的關鍵不在於有沒有錯誤，而是如何去面對和處理錯誤。

一般凡夫犯了錯之後，選擇的是極力掩飾和逃避自己的責任，或者極端的沮喪和絕望，認為自己完了，不可救藥了，因而自暴自棄。這都是極不明智的做法。

堅信因果的人絕不會這樣。造了惡因，必定有惡果，你也許能夠欺騙別人，但對因果一點也騙不過。造了惡業，唯有依照四力懺悔，才有可能避免不好的果報。犯了錯之後，唯一的出路就是真誠發露懺悔。一個人如果能把錯誤發露出來，會有益於心理的平衡；如果總是把錯誤隱藏在心裡，就會常常受到良心譴責而感到痛苦。

正如噶當派的大德所説：「惡業唯一的好處就是可以懺悔。」透過懺悔，可以把我們的罪業變為成佛的資糧。一個真正的修行人，業障是覆蓋不了他的，就好比一塊熱燙的石頭，冰雪落在上面會被融化。真正的修行人，能用懺悔的熱量去融化業障的冰雪。而不修行的人卻像一塊冷硬的石頭一般，冰雪只會越積越厚。無始以來我們曾無數次地傷害過其他眾生，累積的惡業就如冰雪般覆蓋住我們本有的佛性，這是我們進步的主要障礙，所以必須用懺悔的力量來融解。

佛在大乘的經典中説：即便是造了最重的五無間罪，只要肯發心懺悔，一樣可以獲得清淨。有些人難免會想，既然這樣，那我以後不用再怕造惡，反正只要懺悔就可以了。這種想法是愚癡的。畢竟，懺悔是不得已的補救辦法。再説，你若存有這種心態，所修的懺法也不可能清淨業障，因為並未具備懺悔的破惡力及還淨力。而佛説：不感果的惡業，必須要經過四力懺悔才行。

什麼是四力懺悔？

• **依止力。**依靠虔誠皈依和菩提心的力量，祈請諸佛

以不可思議的加持力,使自己的罪業得以清淨。作為大乘行者,應先想到一切如母有情和自己一樣在輪迴苦海中造作了種種罪業,因而生起慈悲心,帶領眾生一起懺悔。

- **破惡力**。也就是對自己以前所造的惡業(十惡業、五無間罪,以及違反三昧耶戒等的罪業),深深地反省追悔,這是最關鍵的一力。要生起這一力,需要多觀察思維業果的道理,然後對自己所造的惡業果報生起怖畏心。明瞭自己錯在哪裡之後,就應當勇敢地發露。如果能夠向善知識發露自然最好,也可以在三寶前發露。你發露慚愧越是殷重,罪業就越容易清淨。如果只是馬馬虎虎的口頭懺悔,內心毫無悔意,這樣的懺悔並沒有多大意義。

- **對治力**。通過廣修各種善行來對治過去所做的惡業,諸如:禮拜、供養、念咒、念經、修法、念佛等等。最上的懺悔是依法性的懺悔,如果能真正明瞭法性,心與法性相契,一切惡業都法爾清淨。

- **還淨力**。堅信自己的罪業,透過佛不可思議的加持,已經徹底清淨,並從心底真誠發願從今以後

寧捨生命，絕不再造惡業。懺悔的真正目的在於改過，若懺悔了半天，自己的習氣卻一點也沒改變，是不行的。

「放下屠刀，立地成佛」，這是什麼意思？所謂的「屠刀」，就是我們頑固不化的習氣。勇於改變自己的習氣，才是真正的懺悔！

懺悔的力量

懺悔的最後，便是要堅信自己的罪業經過四力淨化，得以完全清淨，不應再執著於自己如何不清淨。

在顯密的各種懺悔儀軌中，其實都融合了四力懺悔。尤其是密乘的金剛薩埵本尊修法，因為金剛薩埵往昔所發之誓願，所以許多人都稱金剛薩埵為懺悔王。

有人可能會這麼想：我未曾犯過什麼戒，又沒做什麼壞事，為什麼還要修懺悔呢？事實上，我們只要仔細觀察一下自己的起心動念，就不難發現，我們一天累積下來的貪、瞋、癡煩惱五毒不知有多少，這難道不應該懺悔嗎？更何況我們無始

以來身、口、意所造的惡業，更不知有多少！

　　對於一位真正的密乘行者來說，不僅要懺悔自己的業障，還應把所有一切父母有情的業障觀想在自己身上一起懺悔。只要眾生的業障不盡，我的懺悔亦永遠沒有停止的時候。

　　最後必須說明：懺悔能否完全清淨，一方面取決於四力懺悔力量的大小，另一方面也要看業障的輕重。對一些特殊的業障，儘管經過四力懺悔，也只能使重業輕報，卻無法避免現世的種種因果。雖然如此，我們仍不應懷疑懺悔的力量，因為現世的病痛以及種種的違緣，可以化解你原本應在地獄餓鬼中所受的苦，這是何等令人慶幸的事呀！

　　《菩薩地》說：一位受了菩薩戒的菩薩如果破了戒，雖然可以懺悔還淨，重新受戒，但他在今生之內絕對不能獲得初地。

　　這就好比一個人得了小病，醫好之後不會有任何影響；但如果得了重病，雖然治好了，仍不能和沒生病以前一樣健康。這是每一位密乘行者應特別注意的。破了三昧耶戒之後，雖然可以懺悔並重受灌頂，但即身成就已是絕無可能了。這就像一個瓦器已經破了，就算重新黏好，還是破損的瓦器。

　　在密乘中如果犯了根本罪，單靠四力是無法清淨的，還必

須根據密乘特別的儀軌才能清淨。

　　《般若八寶經》云：「障礙咕嚕，此種罪業，四力懺悔，無法消除。」如果破了三昧耶戒達三年以上，所造的已成定業，要懺悔就很困難了。即便你能夠求得上師的原諒，透過上師慈悲的灌頂之後重新得戒，終身精進地修持金剛薩埵，雖然有可能避免金剛地獄的果報，但現報和下幾世的餘報是絕對逃不了的，不可不慎！

菩提心

　　對一位修學大乘（菩薩道和密乘道）的行者來說，菩提心比他的生命還要重要百千萬倍。作為一位大乘行者，如果忘失了菩提心，修什麼法、做什麼善事，都無法圓成佛道。從大乘的角度看，都一樣是造業。忘失了菩提心尚且如此，更何況我們許多人至今還未曾真正發起菩提心。

　　若總是以大乘行者自居，善巧方便之多可利益一切，為了世間的名利，常常為自己找各種藉口，這叫什麼大乘行者，連小乘都沾不上邊！

　　密乘的即身成就，是靠生起真實的菩提心，通達佛的智慧。我們要達到佛的智慧，而佛的智慧是無量的智慧，要證得無量智慧，必須先發起無量的心才行。這就好比裝一個無量大

的東西，拿一個小小的容器，怎麼裝得下呢？必須拿一個無量大的才行呀！

就好比我們頂禮時念頌：

南無！我及無邊諸有情，直至成佛皈依三根本，
為利眾生求取解脫道，生起願、行、殊勝菩提心。

許多人頂禮的時候，嘴巴不停地念，心裡卻不知這究竟是什麼意思。頂禮了半天，有沒有功德呢？為什麼要頂禮？就是要讓你真正生起皈依和菩提之心，沒有皈依發心，禮拜再多也只能算是一種善行，而不是密乘的不共前行。我經常說：「頂禮要頂禮出淚來，不要光頂禮出汗來！」有些修法的人，修的時間越久，心卻越麻木，越學心越狹小，這都是沒修好菩提心的緣故。

「為利眾生求取解脫道」，不僅你一個人在頂禮，而要觀想你帶著無量無邊的如母有情跟你一起向上師三寶頂禮。然後，真誠地祈請上師三寶加持，讓我及一切有情生起願、行菩提心，早日證悟殊勝菩提心。

什麼是願、行、殊勝菩提心呢？

願菩提心又可分為三種：國王發心，舟子發心，牧羊女發心。這三種發心以最後一種為最大，也最了不起，因為它最能破除我們的無明執著。

其次，單單有誓願而不實行，這樣的菩提心等於是欺騙眾生，所以要有行菩提心。

所謂行菩提心，就是以願菩提心為前提而廣修六度萬行。

所謂殊勝菩提心，就是真實的菩提心，諸佛菩薩由本覺中任運生起的無緣之慈、同體大悲。這種悲心沒有條件，沒有界限，不要求任何回報，沒有執著和造作，是真正由本性發起的。這是我們最終要到達的目的地。

願菩提心又可稱為執著的菩提心，因為它是眾生以分別執著的心觀察思維而生起的，心裡依然執有佛道可成、有眾生可度。

要生起願菩提心有兩種修法：一種是以憶念母親的恩情而生起的七重因果之修法；另一種是修自他相換的修法（把一切的業障歸給自己，把一切善樂給眾生）。對母親的念恩是修菩提心的關鍵。因為如果對自己的母親生不起強烈的念恩心，要對眾生生起念恩心根本就不可能。對眾生生不起如母之心，根本不可能發起代一切眾生受苦之心。這兩種方法應當配合一起

修，最終即便是冤家仇敵來到你面前，你也能生起與母親一樣的念恩心時，才能算願菩提心成就了。這也叫世俗菩提心成就。

有人曾經對我說：「我不願成佛，我只要度眾生。」這種想法其實是對菩提心的極大誤解。以為成佛了，就不能利益眾生，卻不知成佛之後才能更好地利益眾生。

我們應當知道：願菩提心只是一種方便，我們最終的目的是為了證悟離戲的菩提心。佛菩薩之所以發願「眾生度盡，方證菩提」，並非不願成佛，而是破除我執，廣度無量無邊有情的決心。初發心的菩薩應先度自心的眾生（也就是種種煩惱執著），先要學會把握自己的心，再度外面的眾生。這是許多經典中所說的。

・問答・

問：密乘行者應以出離心為重，還是以菩提心為重？

答：這個問題不能分開而論。行者要想圓成佛道，如果沒有出世的心，怎麼能發菩提心、行菩提心？而只有出世的心，

卻沒有願、行菩提心，又怎麼能圓成佛道？

初學者應當以看破世間的出離心為重，來培養願、行菩提心。修相對菩提心的行者，應時時不能捨棄出世之心。

問：密乘行者應如何發心？

答：一方面必須要有無窮無盡廣度眾生、代眾生受苦的願力；另一方面要依止善知識，在今生之內斷除煩惱和所知二障，圓成佛道，擁有真正度化眾生的能力。

有些人認為即身成就是方便之說，其實這是不正確的。首先我們必須知道所謂的佛，並不是指外相上的佛，而是煩惱障和所知障完全徹底地斷盡。一個人是否有可能即身就把二障完全斷盡？絕對有可能的！如果不可能，那就說明佛不是無量智慧者，因為他的方法中還有不圓滿之處。

能否即身成就，還是取決於我們對佛的無量智慧的信心。我們密乘行者應當要有信心在這一世之內就有所成就，只要你對上師三寶有堅定的信心，要堅信祖師大德能做到，自己一樣能做到，這是佛慢，不是我慢。

密乘行者應有的心
（二〇〇〇年十月仁波切於廈門開示）

　　在座的諸位現在可以說都是密乘行者，更深一層講，將來大家都有可能成為瑜伽士。一位密乘行者應具備的條件是比較高的，所以我們今天主要講一位行者應該具備怎樣的心。作為密乘行者，最寶貴的應該是什麼？那就是追求善知識的心！這是最值得珍惜的心！所以我希望大家能把這顆虔誠之心長久保持下去，並且不斷地增長。那麼，要用什麼樣的方便，才能長久保有這顆虔誠之心呢？

　　首先，要經常看到自己的缺點和短處，把自己看得比一切眾生都低，並且時時看到別人的長處、好處、德行。不要觀察自己的功德，不要觀察別人的過失。把自己的功德看成上師的加持，是屬於眾生的；把別人的業障和過失看成本來就是自心

不清淨所顯現的，不可有傲慢之心，不要覺得自己有修持！

　　隨時隨地都要想到上師的恩德，經常憶念父母的恩德，並且想到眾生的苦。雖然現在我們沒有利益如母有情的能力，但卻永遠不能捨棄利益眾生的心。也就是要把自己與有情眾生時時交換——觀想把自己的功德平等地佈施給一切眾生，願眾生獲得安樂；把所有眾生的一切苦厄和業障觀想在自己身上，願他們脫離痛苦。

　　有些人可能會想：要是眾生的業障真的在我身上發生怎麼辦？這其實是摧毀我執的一種殊勝方便。因為我們無始以來一直以為「我」是真實的，眾生是真實的，業障是真實的，卻不知這一切都是幻化的。現在用這種方法，正好可以破除我執，所以西藏歷史上有許多人修自他交換而得成就。

　　很多藏族老百姓病得特別重時還會祈請：「願我這一世所承受的病魔和痛苦，能代替所有如母眾生所受的病苦！願一切眾生健康長壽！」也有人這樣發心之後，病反而好了。我在漢地見到大部分人是這麼祈請的：「佛啊！請加持我發財，加持我子孫滿堂」，或者「請加持某某某長壽、升官發財」。

　　觀世音菩薩、地藏王菩薩是怎樣的大慈大悲？他們發的是怎樣的願呢？地獄不空，誓不成佛！他們不是沒有成佛，有這

麼大的願力和悲心，不用修許多的方便就自然成佛了。因為願力圓滿，利益眾生功德也圓滿，智慧也圓滿。圓滿的願力使他不住涅槃，圓滿的智慧使他不畏懼輪迴。不像有些人說：「我不想成佛，希望大家成佛，我只想輪迴利益他人！」不應該是這樣的。

有些人學佛之後，天天說：「有鬼呀！有魔呀！」要顯忿怒相去降伏他們。鬼最怕的是什麼？是慈悲！你忿怒，但他們本來就比你還忿怒。有許多這樣的故事，用忿怒咒語沒辦法降伏魔鬼，而當你發起大悲心時，卻降伏了他們。因此，我們對那些業障深重的眾生，更應該慈悲以對，因為他們比一般的眾生更可憐！三惡道，特別是墮入金剛地獄的苦是無法想像的！那麼忿怒的本尊是做什麼用的？是用來降伏自己的貪、瞋、癡，藉此降伏眾生的深重業障，因此忿怒的本尊是慈悲的方便相。

有些人說：「我曾經誹謗過上師，現在我一切都不吉祥，是不是上師給我念了黑咒？」並不是上師念黑咒，而是你違背了誓言戒，也就是違背三昧耶戒。我也曾盡自己最大的力量挽救過他們，用語言沒辦法和他們交流，就用心，每天修法迴向給他們。我修法是為了利益一切有情，不會因為你誹謗我，我

就懷恨在心。

我們應當學會把過去的仇人和現在的父母交換一下。用我們對母親的感恩之心來對待我們的宿敵，看看能不能生起同樣的念恩心。這是很重要的修行方便。有些弟子見到別人殺人被槍斃了，就說：「活該！這個人很壞。如果他在我面前，我也會對他扔石頭。」在世間看來，你好像是一個很正直、很有正義感的人，可是學佛的人若這樣做，就是錯了十萬八千里了！學佛的人應該想到：他是多麼可憐啊！好不容易得到珍貴的人身，卻用來造惡，現在被槍斃，下一世肯定會墮到三惡道中。一想到這些，你更應該生起慈悲心，祈願他能再次獲得人身，早日從輪迴中逃脫出來。無明眾生已經夠可憐了，他不是讓我們恨的，而是激發我們時時生起慈悲心的！

如果你還做不到自己與眾生互相交換，就先把自己和父母，以及上師三寶互相交換。先從這些對自己有特別恩情的人開始。「願他們的一切障礙都由我來承擔，願他們的一切病苦皆由我來承受！」然後慢慢和金剛道友、自己最親近的朋友交換，最後逐漸與一切眾生自他交換。金剛道友在一起時，不要今天你說我短，明天我說你更短。如此勾心鬥角的，別人看了就不敢學佛了，心想：這些學佛之人的慈悲心就是這樣嗎？見

人之得，如己之得；見人之失，如己之失。我見到別人修行有進步，應當要隨喜，千萬不可有妒忌之心。將來我們的傳承如果能出現大成就者，這是大家的光榮，也是眾生的福氣！

有時候也可以這樣修自他相換，先觀察自己最積極追求的是什麼。想清楚之後，再把這個積極追求的心態轉換到追求上師三寶，看看自己追求上師三寶能不能也有這麼積極的心態。經常這樣修自他交換，便能夠糾正我們許多錯誤的觀念。

一位密乘行者如果沒有悲心，受再多的灌頂、念再多的經咒，也沒辦法成就。在西藏，有的人一輩子念了幾億心咒，可是自己的心真正歸到哪裡去了，自己卻不一定明白。

也有許多人掛著一串念珠，不斷念著「南無阿彌陀佛……」。從外表看覺得他修得很好，可是他的內心真正相應的念頭有多少呢？修行千萬不要做表面功夫，千萬不可自欺欺人！

其實西藏有很多真正的成就者，外表根本看不出他是成就者。我經常講支欽達瓦紮西瑜伽士，如果你對他說：「您好，您請坐！」他一聽到「您」字這類恭敬的話，馬上就不高興，覺得就像在罵他一樣。如果你很隨便地招呼他：「你坐吧，你吃吧。」他就高興的吃了，這是因為他真正把「我」完全放下

了。

　　我們經常唱的薈供道歌是誰寫的？是噶瑪慈成上師寺院裡的一個僧人（也是一位成就者）寫的。這位上師經常罵自己，而且罵得毫不留情，那些詞句我都不敢說。他的傳記有這麼厚的一本，我看了，覺得確實是了不起呀！罵自己是「窮鬼」「老狗」等等，總之，罵得一點也不留情面。後來他的傳記要印出來時，很多人都說：「把這些寫進去恐怕有損上師的形象，影響人們對上師的信心，還是不要寫在傳記裡吧！」

　　他的兒子（也是轉世活佛）就說：「原來怎麼說就怎麼寫。他是一位成就者，他會這麼說，肯定有他的必要，也有他的用意！究竟好不好，我們無明眾生怎麼能評價呢？」

　　現在的我們還分不清好壞，稍微得到一些讚美之辭，馬上就飄飄然，不知身在何處；稍微有一點逆耳之言，馬上脖子、臉都紅起來了。就一個修行人來說，他應當喜歡讚美，還是喜歡批評呢？其實，別人說我好，我也不會因此而好；別人說我不好，我也不會因此就不好，關鍵仍是我執在作怪。

　　在我們那裡還有這樣一位上師，他住的閉關洞，我也去過。他和妻子及七個兒女，全家都住在洞裡，一家人吵吵鬧鬧，還經常互相打罵。他叫「阿康賽比」，「阿康」是他的名

字，「賽比」就是穿著一件特別破的皮襖。他患有嚴重的鼻炎，鼻涕流下來就到處抹，把整件皮襖抹得黃黃的，又破又髒，所以人家給他取了外號叫「阿康賽比」。有時候。他們全家人都光著身子在外面吵架，吵累了，就光著身子坐在那裡。有時候，全家人都不吃飯，白天黑夜都在睡覺。有時候，全家人一對一的打架，老的對老的打，小的對小的打。大家都不明白這究竟是怎麼一回事。

後來他們要走的時候，父親從這邊抓一個兒子，再從那邊抓一個兒子，把兩個合成一個，然後又抓第三個來合成一個，之後把七個孩子全都合成一個，又把孩子的母親抓來合在一起，最後孩子的母親又和自己合成一個，全都化成光走了。這其實是佛菩薩的一種示現，他們是喜金剛和八大空行母所幻化的。他們所示現的一切，後人都有所驗證。

可是在眾生無明的眼中卻會說：「你看看這些人，多可憐呀！連穿的都沒有，多髒啊！」「這些窮光蛋，天天好吃懶做，排著隊來要飯了。」全家九個人，一個個拿著碗排隊，又到你們家來化緣了。還有，鼻涕這麼長，這麼髒！你會怎麼想？我們以為輪迴中自己的家庭是最美滿的，佛就這樣示現給我們看：這一切都是無常的、幻化的。

西藏有很多掘藏師、成就者，他們的所作所行都是我們無明凡夫所無法揣測的。所以我們千萬不能看不起任何一個眾生，千萬不能傷害任何一個眾生。在你沒有明覺以前，你不知道他是佛的化現，還是眾生的化現。作為一位密乘行者，應當把一切眾生都當做佛菩薩來看，不觀察他們的過失，把他們的一切所做所行都看成是成全我的佈施、持戒、忍辱的方便，把他們當做自己的父母一般，真正慈悲地憐憫他們，寬容他們！永遠不要恨任何一個眾生！

從究竟上講，佛與眾生無差別，都在本來平等法界。所以諸佛與一切眾生同體，從來不曾捨棄任何一個眾生，為了利益眾生，什麼都可以施捨。可我們呢，三寶也可以捨棄，上師也可以捨棄，就是我執永遠不能捨棄！

最後，密乘行者還應該有金剛的出離心。什麼是金剛的出離心呢？就是一定要在即生之內有所成就，而且堅信自己在即生之內一定能有所成就，也就是要有佛慢之心！為什麼要在即生之內就有所成就？因為不這樣，就不能圓滿自利利他的事業！這一點也是很重要的。

普賢七支頌的開示

　　每個學佛者都應該把成佛當做一件大事，比對世間事物的追求看得更重要。因為世間是無常的，生命僅在呼吸之間，猶如瀑布般地傾瀉而去，因此我們要把握時間修行，修自己的身、口、意。

　　無始以來，我們一直在無明的幻覺中流轉生死，對自性沒有正確的認識，現在既已得到稀有的暇滿人生，更應該珍惜時間，精進修行。在人生短暫的時光裡修證自己，必須要有正覺正悟的導師引導。如今我們已遇明師正法，不能僅滿足於念念佛號、心咒、打打坐，而應在學佛的初期就形成循序漸進的規律性，從生起次第到圓滿次第如法地修持。學佛不僅應有我要成佛的決心，更要發起利益一切眾生、共成佛道的菩提心。

一、禮敬諸佛

　　向諸佛上師頂禮的目的，是為了我與眾生的一切罪障、業障得以清淨。頂禮有雙手合十舉至三門（頂、喉、心三處，表身、口、意）、小禮拜、大禮拜、三步一禮拜等多種形式。不論以什麼形式頂禮，都要生起對諸佛上師清淨的虔誠心，深切懺悔自己無始以來所造的一切業障：殺生、偷盜、不淨行等身業；妄語、綺語、兩舌、惡口等語業；貪、瞋、癡、邪見、我慢等意業。在諸佛上師的蓮座下至誠祈求加被，清淨諸業。頂禮時，不僅應觀想自身的身業得以清淨，還要觀想我與眾生無始以來所造的一切身業，通過諸佛上師的加持而得以淨化。口誦皈依發心：

　　　　南無，我及無邊諸有情，直至成佛皈依三根本，
　　　　為利眾生求取解脫道，生起願行殊勝菩提心！

　　虔誠祈請諸佛上師清淨我與眾生無始以來所造的一切口業。心意上應堅定地皈依上師三寶，確信唯有上師三寶才能救度自己和眾生，為了一切眾生離苦得樂、證悟成佛而生起願、

行、殊勝菩提心。

二、廣修供養

供養的目的是為了累積、增長我與眾生的福慧資糧，捨去貪執。供養分為有相供養和無相供養。有相供養指將物質、錢財等有形之物，供養諸佛上師、善知識、出家人等。如在自家的佛堂上供諸佛身、口、意的代表：佛像、經書、佛塔等，下面陳設八供、曼達、酥油燈等供物；盡自己能力做佛事、資助出家行者修行、協助善知識弘揚佛法等等。不論做怎樣的有相供養，均應對上師三寶生起恭敬心，捨去無始以來對自我的貪執。供養上師時，應對上師生起如佛一般清淨的恭敬心。上師雖現凡夫相，卻具足佛心，是乘願而來度化眾生的，因此我們應盡力協助他弘法利生。修法中念八供咒語、結八供手印時，不要僅認為供上的只是某幾種有限的供品，而應觀為如山如海般無量的勝妙供品，供養遍滿虛空的諸佛上師。供曼達時，要觀想把三千大千世界一切美好的東西放在曼達盤上，至誠地供養諸佛上師。修法前也要觀想迎請上師本尊的皈依境現於面前的虛空，頂禮供養。

　　內心生起虔誠心的供養，即是無相供養。外在物質的供養應與內在的虔誠心相結合，若僅執著於外相的供養，卻沒有生起虔誠、堅信之心，就如小兒玩玩具一般無多大意義。

　　供養物質的多少並不重要，最重要的是供上自己對上師三寶的虔誠之心，生起為利益一切眾生，累積增長自他福慧資糧的菩提發心，並把所做的一切有相、無相供養的功德，迴向一切有情眾生，願他們早日解脫輪迴，離苦得樂。

三、懺悔業障

　　不要因為對諸佛上師做了種種禮敬供養，就自以為有功德；相反的，我們應當深切懺悔。無始以來自己因為無明，身、口、意造下了傷害眾生的諸多惡業，也使自己輾轉於輪迴的苦海，在愚昧無知中虛度光陰，不得解脫。而今在諸佛上師的蓮座下，我們應當至誠地發露懺悔，無始以來身、口、意所造的十惡業、五無間，以及學佛中違犯十四密戒、八粗墮和三律三昧耶戒的罪業，自作、教他作、見他人作而隨喜等不淨業，從今以後永不再犯，具足四對治力（依止力、破惡力、恢復力、對治力）。密乘中的每種法都包含了金剛薩埵淨障儀

軌。在修法、念誦、持咒時，心裡要與遍滿虛空的眾生真誠地祈請皈依上師本尊，堅信上師本尊的大悲加持，淨除我與眾生一切罪障、業障和染垢，獲得清淨圓滿。

四、隨喜功德

佛陀給一位國王開示時曾提到：付出一點隨喜功德的心，就會獲得無量的功德回報。隨喜功德是積聚無量功德的殊勝方便。學佛者對於自己和他人的功德都要生起隨喜心，將自己所做的功德迴向一切眾生，真誠希望眾生都能得到這一功德利益。對於他人、金剛道友所做的功德，應生起歡喜心，希望他能早日成就，利益眾生。若見他人的功德而心生嫉妒，或對自己的功德持傲慢心，不捨得迴向眾生，都不是學佛人所當為的。

在藏地，人們將有機會供養諸佛、上師、僧人視為自己的福報；在漢地，不少學佛者卻執著於自己所做的功德必須要有所回報，實際上持這樣的想法往往會使所做的功德打折扣。學佛是自他兩利的，我所行諸善既是為了利益眾生，為什麼不迴向給他們？他人所做的功德也是利益眾生，我為什麼不隨喜？

由於條件的限制，我們不可能身體力行每件善事，但若能真正對他人的功德生起隨喜心，就會獲得巨大的功德利益。此外，我們應當堅信在諸佛上師的加持下，自己所行諸善定會得到利益，並將這一功德利益迴向一切眾生。我們現在有機緣修學如此殊勝的密乘法要，更應生起特別歡喜的心，真誠希望一切眾生都有緣修習殊勝佛法，並隨喜修學其他傳承和大乘、小乘佛法的人，因為三乘都是佛法，都是為了利益眾生，不應厚此薄彼，互相誹謗。

五、請轉法輪

佛祖釋迦牟尼在菩提樹下成就，諸多天王一齊祈求常轉法輪、度化眾生，因此佛法得以在世間弘揚。學佛者也應發起祈求諸佛上師常轉法輪的心願。今天我們有緣得遇明師正法，修正自己、邁向解脫，但也要看到，真正如法學佛者仍是極少數，更多的眾生依然輾轉於輪迴的苦海，無緣聽聞佛法，受惑於旁門邪道，不斷地造諸無義業。因此，我們應至心祈請更多的善知識住世轉法輪，使佛法昌盛、眾生受益。我們能有如此殊勝的法緣，更應代眾生祈求佛法之輪常轉，利益有情。

六、請佛住世

　　祈請諸佛上師長久住世，希望他們的功德智慧點化一切眾生。我們好比羽翼未豐的小鳥，諸佛上師則是翅膀堅實的大鵬，沒有諸佛上師的加被，單靠個人的力量難有多大成就，為此，我們應當祈請諸佛上師長久住世、利益眾生。

七、普皆迴向

　　願我們所修所行諸善功德，透過諸佛上師的加被，迴向一切眾生。修法時應虔誠祈請上師、三寶、三根本加持自己修證殊勝法要，並將所修法的一切功德無分別地迴向一切眾生，願他們早日離苦得樂，速證菩提。首先要發這樣的願，並如此而行，才能證到究竟的殊勝菩提心。

向佛大禮拜的功德

原著：薩迦四祖薩迦班智達根嘎江才仁波切
漢譯：根松仁波切

向上師三寶頂禮，

是為了自己和眾生的罪障及業障得以清除。

首先雙手合十象徵方便大樂與智慧空性雙運一體。

雙手合十舉至頂樂輪使得無量極樂正果。

雙手合十舉下在眉間至髮界處，

使全身的二障因素得以清除。

雙手合十舉下在受用輪處，

使語言的全部二障因素得以清除。

雙手合十舉下在胸心處（心輪），

使意念的全部二障因素得以清除。

雙手分開兩邊使色身兩類化身圓滿利生事業。

雙腿膝蓋著地願脫輪迴惡趣。

雙手十指著地是逐漸圓滿十地五道。

額頭著地是願得十一地普賢之光。

四肢屈伸是圓滿成就四功業。

全身筋脈伸縮是要打通如來解脫諸煩惱的脈結。

脊椎與中脈伸屈是要氣和明點直通中脈。

離地直身起立使解脫輪迴即可成就。

成千上萬次頂禮的目的不僅是為了自身的修持，

更是為了普度眾生。

大禮拜的功德是在今世健康長壽安樂，

往生極樂世界，

圓滿成就佛果。

• 六度篇 •

六度的開示

　　佛法中有六波羅蜜。為什麼稱之為六波羅蜜呢？因為唯有通過這六種殊勝的方法，菩薩才能到達究竟的彼岸。前面五度（佈施、持戒、忍辱、精進、禪定）是方便，最後一度是智慧，六度是方便與智慧雙運之義。

　　六度中任何一度都含攝了其他五度，所以整個六度就像一個密不可分的整體，缺一不可。

佈施波羅蜜

　　首先，我們必須知道，佈施的意義並非在於濟貧。如果是為了濟貧，諸佛的佈施波羅蜜就不圓滿，因為現在依然有這麼

多的窮人呀！為什麼說諸佛的佈施波羅蜜已經圓滿了？因為他佈施的心已經圓滿了。我們透過佛陀往昔捨身飼虎、割肉與鷹等等心無悔恨的故事，就可以知道佛陀的捨心和悲心已經真正圓滿了。

所以，佈施的圓滿與否，應看佈施者用什麼樣的心態去行，而不在於物質上有多少。

佈施最低的限度應當是發起捨心。無論我們有多少財富，臨終時都帶不走，但我們這顆貪著之心執持於外境，不能放下，使我們流轉於生死，在無始的輪迴中不得解脫。由於我們沒有捨心，善知識便沒辦法接近我們，對佛的無量智慧和大悲也覺受不到。

因此，我們應該常常觀照執持的過患而發起捨心。告訴自己既然死時必定要捨棄一切，為什麼現在不用來佈施以積累善業功德呢？畢竟我們臨終時真正如影隨形的只有自己的善惡之業！

我們不應以一種希望回報、帶有目的性的心態去行佈施。今天捨出去一點，就希望明天可以成倍成倍地回收，這樣的佈施沒有多大功德。因為沒有捨心，你只是希望通過佈施而使自己的東西越來越多而已，這就像賭博和做生意。

　　也不要用不歡喜心勉強佈施，應把佈施的東西看作本來就屬於受者，這樣歡喜無悔而施才是清淨的佈施。

　　在西藏有句俗語：「有什麼東西，請你佈施給水裡的動物、牛羊和狗吧！奉勸你千萬不要佈施給周圍的人。」為什麼這麼說呢？其實這是在告誡那些佈施時沒有捨心、希望對方有所回報的人。因為你給了某人佈施之後，將來他如果不知恩回報，甚至對你不好，你肯定會覺得他忘恩負義，對他生起了瞋恨心。這樣的佈施反而成為結怨的工具，還不如佈施給動物的功德較大，因為你心裡起碼存有真正的捨心。

　　有弟子曾對我說：「上師，請你給我加持加持，讓我的股票多漲漲，我再為佛法多做功德！」

　　你看，這樣的心態離佈施的意義有多遠！什麼是財施？無貪之心才是最大的財施。

　　作為一位大乘的行者，單單有捨心仍不夠，還應以菩提心去行佈施。如果沒有菩提心，佈施只能說是一種善行，不能說是波羅蜜，因為它不能成為引導眾生到達究竟彼岸的工具。

　　真正最上的佈施是通達空性的佈施，了達外境的一切原本如夢如幻，安住如如不動的本性，雖然不斷地佈施，心裡卻絲毫不起自他分別執著的念頭。

　　一般的眾生做不到這一種佈施，就應真正想到每一位受佈施者都是自己無始以來的父母，看到他們所受的苦，發願讓他們獲得暫時和究竟的安樂而行佈施。最後還應把佈施的功德迴向給一切眾生，心裡不執持佈施的功德。這樣的佈施才能稱為佈施波羅蜜。

　　許多人往往以為六度是顯乘的修法，不是密乘的修法，實際上，密乘中任何一種修法都離不開六度，只不過在方便上與顯乘有所不同而已。

　　在密乘中，往往把佈施波羅蜜和禪修結合在一起，在修持中廣行六度。譬如把六道的眾生觀想在自己周圍，把十方三世諸佛祈請到自己面前的虛空中，然後再以自己的虔誠心和菩提心，把內、外、密的一切全部供養佈施，並以悲心祈請，觀想上師、本尊、空行加被，淨除六道眾生的痛苦和業障。三種曼達、薈供等等，都是圓滿佈施波羅蜜的殊勝方法。

　　所以我們應當明白：佈施不一定是物質上直接的佈施給眾生。當你還未真正體悟清淨現分，也就是原本清淨的自心之前，最好還是把更多的時間用在修持上。先度自性的眾生（即自己的貪、瞋、癡），後度外面的眾生。不要沒有福報就到處奔波賺錢來做功德。做功德要隨緣去做，自己有多少能力就做

多少。只要具足虔誠心，即便沒有錢財，一樣可以用觀想來圓滿你的供養，圓滿佈施波羅蜜。現在佛法真正缺的不是錢，也不是幾個大殿，而是真正能靜下心來修持的人。

也不要急著到處去講法，等你能夠精進修持時，再把修持的功德平等地佈施給每一位眾生，這就是真正的法施了。

可能有人心裡還在懷疑，這樣光靠觀想有用嗎？八萬四千法門歸於心，一切的福德、罪過也都是從心生出來的。佛陀曾經說過，你能生起代無量眾生受苦、給眾生畢竟安樂之心，只是這樣生起一念就圓滿無量的功德了。所以顯也好，密也好，心圓滿了，內、外的一切當下也就圓滿，六度也會一樣的圓滿。

從究竟上講，六道眾生只是我們執著心態中的幻覺而已。在清淨現分中，圓成佛道而無佛道可成，度盡眾生實無眾生可度，一切都遠離了二元的對立，所以對一個密乘行者來說，能夠離戲安住於大圓滿、大手印、大圓勝慧的境界中，就是對上師三寶最大的法身曼陀羅的供養，也是對眾生最大的佈施。其次的供養是如法地精進修持。再下一等是承事供養上師，最下的供養才是錢財的供養。我們應當明白這一點。

・問答・

問：譬如對方以某種藉口向我要佈施，實際上卻是要拿這些錢去做壞事。這樣的人是否應給予佈施呢？

答：不應給予佈施。剛才已經說過，佈施的真正目的不在於濟貧，而是為了成就自己的悲心和捨心。你不佈施給他，並非出於慳吝，而是悲心。當你佈施錢財卻增加了對方的惡業時，這樣的佈施是不應取的。譬如對方是吸毒者，你佈施錢給他，不是害了他嗎？他拿著你的錢去作惡，你一樣也要背一定的因果。

現在末法時代，什麼樣的眾生都有，什麼樣的事都可能發生。所以一定要先調查清楚，對方拿你的錢究竟是為了什麼，然後再去佈施。我們一方面不可有慳吝之心，另一方面則要把錢用在真正需要的地方，讓錢發揮最大的作用。此外，有些東西是不適合用來佈施的，譬如上師賜予的法器和一些對你修法時有特別幫助的東西。

持戒波羅蜜

戒律的重要

修行的第一步就是要持戒。為什麼要持戒呢？因為眾生無始以來的習氣深重，如果不先斷除自己的惡緣，根本沒辦法真正進入佛道。

許多人往往錯誤地以為戒律是一種束縛，用一種煩惱的心來對待佛的戒律，這種心態是不正確的。戒律其實是佛對無明眾生最好的保護。持皈依戒可以保護我們免墮三惡道，持五戒可以保護我們得到人身，持羅漢戒（解脫戒）可以保護我們脫離輪迴，持菩薩戒可以保護我們圓成佛道，持三昧耶戒可以即身成就。

因此，我們應當用歡喜心來受持佛陀的每一條戒律。戒律給了我們取捨的方向，讓我們不再造業，而能迅速地圓滿福慧資糧。戒律是一切功德的基礎，不僅是顯乘，密乘亦復如此。

有人認為密乘只注重實修，不注重戒律，這是極大的誤解。不守戒而修很多法，就好比在甘露中加入毒藥，最終只能墮落。

　　也有人自以為是密乘行者，就可以仿效證悟的瑜伽行者種種不可思議的行持。實際上自己連小乘的戒律都做不到，只不過以此為自己的習氣找藉口而已。想要仿效瑜伽行者的做法，你應當自問自己是否具備瑜伽行者的能力；否則，這種自欺欺人的做法只會把自己送進金剛地獄。正如密勒日巴尊者所說：「獅子跳躍的地方，兔子自不量力跟著去跳的話，一定會摔死的。」

　　密乘行者不僅持戒，而且比顯乘更嚴格。

持戒的功德

　　首先，我們應該知道戒和世間的善行有很大的差別。平常的善行，你做了才有功德，不做就沒有。而你得到戒體之後，只要不犯戒，即便吃飯、睡覺也一樣在增長功德，因為你有持戒的功德。

　　在西藏薩迦派傳承中，由幾位特別德高望重、戒律清淨的比丘擔任專門的傳戒堪布。除了傳戒堪布之外，任何活佛、堪布、僧人都無權授比丘戒。為什麼要這麼做？就是為了保持戒律傳承的清淨。也正是這種嚴格的傳戒方式，保證了薩迦僧人的品質。過去在西藏，經常有人經過幾個月的長途跋涉來找傳

戒堪布求戒，因為傳戒堪布不容易找，所以找的過程就在考驗你是否有持戒的堅定心。找到傳戒堪布之後，他並不會馬上給你授戒，而是講述了戒律和持戒的功德之後才給你授戒。這樣，由於你求戒的心很殷重，授戒師又是戒律清淨，授戒也是依照儀軌如法地進行，所以能得到清淨的戒體。

佛陀曾經說過：「有戒的地方就有光明，有戒的地方就等於有我在。」如法守戒是令上師和諸佛歡喜之事，所以易得上師本尊的加持。再者，戒律清淨的人，他的心會感到安穩，所以容易與上師相應。一個人一生守戒清淨，心常安穩，所以臨終時可遠離怖畏和三惡道。

守戒清淨之人，由於具足功德及得空行護法的護持，能排除違緣，常遇順緣，所以世出世間事業皆得成就。

三昧耶戒的功德

如果我們能夠如法地守護對上師的三昧耶戒，即便是即身成就都不會有任何問題，更不用說其他現世的安樂了。如果能夠守戒清淨，即便這一世未能勤修，無法即身成就，中陰身時也可得上師的加持而往生上師淨土。最下根器亦能在來生得善緣，遇到具德上師繼續修習。按密典所說，受上師的灌頂之

後，只要不破三昧耶戒，最遲也能在七世之內成就。

破戒的過失

　　正因為持戒有無量的功德，所以犯戒也有無量的過患。譬如說持不殺戒的人和沒受不殺戒的人同樣殺了一條生命，果報卻完全不一樣。後者是你殺了一條命，你就欠了一條命；但前者除了還命的果報之外，還要加上破戒的罪報。破戒就是你對諸佛菩薩、空行護法以及法界眾生說了欺誑之語，因為原先你在諸佛面前發誓，不再殺害任何一個法界眾生，現在卻違背了這個誓言，這樣的債如何還得清呢？

　　許多人犯戒之後往往不知發露懺悔，以為沒人知道無所謂，這是十分愚癡的想法。所以，犯戒唯一的對治就是好好懺悔。

破密乘戒的過患

　　破三昧耶戒的果報就是金剛地獄。

　　許多人以為這是方便之說，這是絕對錯誤的！大乘了義的經典中說：對一初發心的菩薩（因地的菩薩）起一念瞋心的果報，將是在地獄中受苦一劫的時間。具德的金剛上師不僅發了

大菩提心，而且了悟空性，更何況對我們具有無比的恩德。所以，傷害金剛上師的果報比傷害初發心菩薩的果報不知要重多少倍。

　　大恩上師發大悲心，以種種方便善巧引導我們，使我們末法眾生有機會脫離生死苦海。上師是傳佛陀心印者，是我們真正的法身父母，能令我們即身了悟空性，所以，上師傳授的教法與佛陀親授沒有差別。上師對我們更有直接攝受的恩情，如果不是上師的慈悲，顯凡夫之相救度我們，我等末法眾生如何得度。所以經云：上師的恩遠超過十方三世一切諸佛。不知念恩已經有無量罪過，對這樣的大恩上師加以輕毀，如何不墮金剛地獄呢？

當前應特別注意的幾點

1. 金剛兄弟之間務必要團結

　　犯戒往往是從金剛兄弟之間的矛盾開始的。金剛兄弟一矛盾，慢慢地就會擾亂上師的心。大乘行者發心利益一切有情，而你竟連自己的金剛兄弟都容納不下，說要廣度有情，不是紙上談兵嗎？當然，凡夫都有缺點和錯誤，聚在一起有矛盾是難免的。有意見時當面提都沒有關係，有什麼話大家互相談心，

彼此都是金剛兄弟，還有什麼是不能溝通的呢？如果彼此間真的無法解決，也可以跟上師說。最怕的是在背後互相攻擊，這是世間小人的卑劣行當！我們的薈供道歌每次都念「性命相連金剛兄弟眾」，這是什麼意思？大家一定要記住這句話！

更廣義來講，金剛兄弟應當包括一切密乘弟子。不管任何宗派，我們都應隨喜讚歎他們，而不要說我的法門好，你的法門不好；我的上師高，你的上師低；我的本尊高，你的本尊低之類的話。我們應當互相包容隨喜讚歎，這樣佛法才能興盛。

2. 不要到處跑，不要到處求法

首先，要考慮自己是否有時間和精力修很多法。密乘成就的關鍵是你對上師的信心，而不是你皈依多少上師，灌了多少頂，接了多少個法。任何一位真正具德的金剛上師，都是釋迦佛心印的持有者。你只要對他有信心，一心一意跟著他，將來都會有所成就。相反的，你若沒有信心，即使拜了全西藏的大成就者，還是會覺得不滿足，仍然認為自己最了不起。所以，到處跑正說明了對上師的信心不堅定。

這幾年來我見了太多的「灌頂愛好者」，他們最終除了退失對上師的信心、犯密乘戒之外，沒有其他的結果。求法而不

修法，本身就已經不如法了。你不修法，當初為什麼要接法呢？這不是在欺騙上師嗎？

3. 對上師傳的法要如法修持

　　對上師所傳的法要不增不減地修持。有些人往往會覺得這個地方麻煩，所以東加一點、西減一點，這已經違背密乘戒了。對上師傳的法要每天都不間斷地修，再忙也要抽出時間來念一遍，以保證不斷傳承。

4. 如果你對上師有什麼想法，對上師直說，這不算犯戒的行為

　　相反的，你把種種想法放在心裡而不知對治，才是真正犯戒的行為。當然，這並不是要你故意挑上師的毛病，而是說你對上師所做所行有想不通之處或者認為不妥當，都可以直接問上師。對於上師所傳的法也是一樣。把你心裡的想法對上師直言，這都沒有關係，因為密乘講的是直心不二。

5. 遠離破戒之人

　　應當遠離之人不遠離，最終只會傷害自己。關於這一點，我們已經講過許多。

・問答・

問：八關齋戒應如何如法受持？

答：第一次受八關齋戒時，應先找到持有八關齋戒傳承和戒體、並具有傳法資格的上師或法師求授。受戒前應先至誠懺悔、發心、恭敬供養，然後至誠求戒。受戒時不論授戒師是否具足功德，都應堅信授戒師是佛，不應觀察他的任何過失，這是得戒的關鍵。

受八關齋戒比較容易犯的就是綺語。所以一般人為了保證持戒清淨，都持禁語。行者如果感到自己的福德資糧不夠，應常持此戒。一般修觀音法門的行者都必須持此戒。

問：受密乘戒是否必須先受顯乘戒？

答：顯乘是密乘的基礎。同樣的，顯乘戒律亦是密乘戒的基礎。從廣義的角度來講，密乘戒包括了顯乘戒，就像大乘的菩薩戒包括了小乘的別解脫戒一樣。真正的密乘行者應當是：外持別解脫戒，內持菩薩戒，密持金剛乘戒。

問：灌頂時受何種戒律？

答：不同的灌頂有不同的誓言，比如結緣灌頂就不用受什麼誓言。而不共前行、本尊四級灌頂，以及無上密部心髓法要灌頂，所應受的誓言各各不同。這種誓言就稱為三昧耶戒。這些戒律，灌頂時上師自會詳說。

問：如果不是故意，而是由於自己對戒律不瞭解而違反了戒律，是否一樣算犯戒？

答：法律絕不會因為你無知違犯而判你無罪。佛曾經說過，犯戒主要有四種原因：一、對戒律持輕毀之心明知而犯；二、放逸而犯；三、煩惱習氣熾盛而犯；四、由於無知而犯。

其中以第一種原因最重，第四種雖然比前三種輕，但仍算是犯戒。光受戒卻不好好學戒，本身就不如法。受戒之前應當先好好學戒，先衡量自己能否受持，再去受戒。受戒之後更應把戒律的開遮持犯牢記在心，一有違反馬上懺悔。糊里糊塗難免會出錯的。

問：什麼樣的密乘行者算是持戒清淨？

答：佛言：有兩種人名為持戒清淨，一種是從不犯戒的人；另一種是犯戒之後能發大慚愧心懺悔還淨之人。

一個密乘行者自皈依以後，能夠遵照上師的教導毫無違背地去行持，若有違背亦能隨時隨地發露懺悔，絲毫未曾擾亂上師的身、口、意，這樣的行者可以說是持戒清淨的密乘行者。

真正要做到持戒清淨，必須要了悟法性，一切境界不取不捨，既無能持，亦無所持，念而無念，修而無修，證而無證，才是真正持戒清淨者。

問：證悟的人還有沒有戒律？

答：前面已經提到，要持戒清淨必須了悟法性。持戒究竟的目的就是為了淨化煩惱，如實圓滿地證悟自性。持戒是一種方便，若為持戒而持戒是不對的。如《金剛經》說：「法尚應捨，何況非法！」

在未證悟之前，持戒對我們來說是絕對重要的，我們應當先捨非法，牢牢把握住正知正念。就像我們未到達彼岸之前，船是必不可少的工具；但到達彼岸後，你還背著船

走，這不是另一種愚癡嗎？當你證悟了一切的善惡好壞，你我都法爾平等，也就無所謂持與不持了。

忍辱波羅蜜

論云：世出世間的一切成就無不成於慈忍；世出世間的一切失敗無不來自於不忍。

遇到好的境界就歡喜執著，遇到不好的境界就抱怨喪氣，這樣的人做世間的事都不可能有成就，何況是學佛呢？另一方面，眾生無始以來流轉於生死苦海之中，妄執有一個「我」存在，為了保護這個虛妄的「我」，互相殘害，你不讓我，我不讓你，枉受無量劇苦。

我們作為佛弟子，既然懂得世間的一切原本就是虛妄，就不應再與眾生計較，一方面不應再傷害他們、與他們結惡緣；另一方面要能忍受他們的傷害與攻擊，慈悲寬容他們，與他們結善緣，以圓成佛道。所以，我們要修忍辱波羅蜜。

許多人把忍辱波羅蜜單純地理解為忍受別人的傷害，這種理解是不全面的。忍辱不單單是對逆境而言，其實順境有時更容易令我們動心，更不容易忍。有些人面對別人的譏諷時或許

能忍,但只要稱讚他幾句,他就不知身在何處了。所以對順忍也應下一番功夫才行。對一切好壞、損益、苦樂、得失的順逆境界,心中不起瞋恨貪欲等執著之念,能以慈悲心坦然忍受,這樣的功夫才能稱為忍辱波羅蜜。

在修行的過程中,舉凡遭遇身心的苦樂、外境五欲六塵,以及饑寒交迫之境時,我們都要能安心忍受,不產生退卻之心。密乘行者在修氣脈明點的過程中,要經歷各種不淨現分,必須承受種種身心的苦樂;對於自己修證的覺受、神通和功德能夠祕而不宣;特別是堅信上師的口耳傳承,不生動搖和懷疑,這也要修忍辱(安受苦忍、功德忍、甚深法忍)才行。

對一切緣起之法不起分別執著念頭,連忍與不忍之心亦不可得,這是忍辱的最高境界。

當一個人習慣了別人的讚譽,面對批評時就完全無法接受,聽到一句不好聽的話就會大發雷霆。

也有弟子說:「上師,我有什麼缺點,請上師對我說。」我絲毫不敢說。因為你沒有忍辱之心,如果說了,你不僅不知改正,反而對上師三寶生起邪見,該怎麼辦?

忍辱說來容易,要修卻十分困難。凡夫沒有下一番功夫,是根本無法做到的。真正要修忍辱,首先要學會把一切事物與

世間相反地看：世間人認為不好的，你都歡喜接受。別人不喜歡批評，喜歡讚美；你反過來喜歡批評，不喜歡讚美。別人都希望自己好，你就把不好的歸給自己，把善樂都給眾生。剛開始可能會覺得這麼做很困難，但慢慢地總會習慣，對一切境界都能用智慧來透視，不會再被它欺騙，忍辱波羅蜜也就會慢慢成就了。此外，我們應當多思維忍辱的功德和不忍的過患。

具足信心的密乘行者應把一切順逆之境都視為上師的加持，這也是密乘行者修忍辱波羅蜜最殊勝的方便。對於逆境，行者應想這些違緣逆境是上師的加持，激發自己更深感輪迴之苦。另一方面，自己無始以來造作的種種惡業，曾經傷害過無數眾生，與無數眾生結過惡的因緣；如今幸得上師的加持，讓我有重業輕報的機會，能以現世的一點苦而消無量劫本應在三惡道受的苦，為什麼不甘心承受呢？對於傷害自己的眾生，應把他視為善知識來成就自己的忍辱。

對於現世所經歷的一絲一毫的順境和安樂，更應視為上師的恩惠，念上師的恩，增加對上師的信心。若能以這種堅定心來修忍辱，自然能破除一切我慢煩惱，轉逆緣為修行的方便。

・問答・

問：明明知道發脾氣不好，還是會常常忍不住。上師能不能傳給我一個不生氣的方法？

答：眾生都有煩惱。沒煩惱就是聖人了。嘴上發脾氣可以，但心不能生氣。如果心生氣了，也不能耿耿於懷。有些人早上生的氣，到了下午、甚至明天，那口氣都還堵在那裡，有的一氣就是十天。這樣自己修行的功德林不一把火燒光才怪！能做到不生氣是最好，但如果做不到，就應當少生氣。若要生氣，就只能在十分鐘以內生氣，超過十分鐘就不能再生氣了。在生氣的過程中要趕緊懺悔，趕緊祈請上師，告訴自己生氣除了懲罰自己以外，根本不能解決任何問題，既然如此，又何必生氣呢？

然後，從對方的立場來看看，想想自己如果站在他的立場，可能也會這麼做。這樣慢慢地訓練，縮短時間，譬如今天生氣十分鐘，漸漸地就可以把生氣的時間控制在一分鐘以內，最後不管遇到任何事，心裡都能夠平靜地對待。無始以來的業障習氣深重，有時一個人坐在那裡都會生

氣。為什麼會這樣呢？因為我們無始以來的習氣都累積在阿賴耶識的銀行裡，積久了還會生息。現在上師給你十分鐘生氣的時間，超過這個時間就不能再生氣了。

精進波羅蜜

什麼是精進？

這裡，先講一個佛經裡的故事：一次，幾位新學比丘有問題要請教佛陀。當時佛陀剛好臥病在床，阿難尊者就在屋外對幾位新學比丘講法。當阿難講到「精進」時，恰好被屋裡的佛陀聽到。佛陀立刻從病床上坐起，恭敬地聽阿難講法。

「阿難，你剛才在說精進嗎？」佛陀歡喜地問阿難。

「如是，世尊！」

「阿難，你剛才在讚歎精進嗎？」佛陀又問了一遍。

「如是，善逝！」

佛陀反覆問了三遍，然後無比讚歎地對阿難說：「阿難！你應當常行、常修、常念精進，乃至令人得阿耨多羅三藐三菩提！」

佛陀如此示現，正是要告訴後來學佛者，精進的無比重要！作為佛陀的弟子，我們應當記住佛陀這段教誡。許多人常說密乘好，密乘可以即身成就。即身成就靠的是什麼呢？一是對上師生起與佛無二的堅定信心，再來就是精進的修行。除此之外，沒有其他方法。一點苦都吃不了，一點精進之心也沒有，想即身成就，純粹是異想天開。

在藏地，人們把文殊、觀音、金剛手稱為根本三尊。為什麼？因為他們代表成佛不可缺少的三大法寶：智慧、慈悲和勇猛精進。缺少了三者之中的任何一個，都無法圓成佛道。

也有的弟子說：「上師，我也想精進，但總是提不起來？」其實並不是沒辦法提起，而是我們的錯誤觀念在作祟。如果你能把追求世間名利、五欲那份「精進」的一半，轉移到追求佛法和善知識上，修學佛法怎麼會不成就呢？

首先，我們應當暸解什麼是精進？精進就是為了達到既定目標而發起身、口、意勇猛無厭的努力。精進的相反就是懈怠。

精進可以分為小乘的精進和大乘的精進。

小乘的精進是指見到輪迴之苦，覺得自己一分一秒也待不住，而一心一意尋找解脫。

根松仁波切在玉樹稱多空行道場舉行金剛瑜伽母薈供

　　大乘的精進才是真正的精進波羅蜜，就是為了一切如母有
情早日解脫而精進修持，這就像一位慈母見到唯一的兒子得了
不治之症，像瘋了一樣找尋無上甘露妙藥（無上菩提）來解救
自己的兒子。唯有像這樣的心態，才能稱為精進波羅蜜。

需克服的幾種心態

　　要發起真正的精進，必須克服幾種心態。

　　第一種是推延的心態。許多人早上時想著中午有時間再修，到了中午又想著晚上修，到了晚上又想推到明天再修；或者想等我賺了多少錢、幫兒女完成婚事之後再修等等。可是卻沒想過誰能保證自己還有明天，如果明天就死了，怎麼辦？所以我們應當多念生死無常、人身難得，來克服這種推延的心態。

　　第二種是畏難的心態。有許多人，叫他好好修法，總是說我不行，覺得人家是大根器，自己業障深重、福報不夠。表面上聽起來是謙虛的說法，其實是一種保護我執的可怕藉口。明知自己業障深重，就更應該比別人加倍努力才是啊！

　　我們學佛的人（特別是修密法的人）應當有佛慢。佛陀說連最小的蟲蟻都有佛性，只要肯努力精進，一樣可以成佛。我得了這個人身，為什麼不能成佛？要堅信自己的佛性和上師諸佛是一樣的。佛陀可以做到、上師可以做到，我只要肯努力，也一樣可以做到。

　　第三種是急躁的心態。學佛不是一天兩天的事，應當有長遠之心，不要急於求成，強迫自己去做現在能力達不到的事。明明只有十斤的力卻要扛百斤的東西，只會把自己壓垮。過分躁進的結果只會加倍地退縮而已，對修行沒有好處。不要過

緊，也不要過鬆，要根據自己的能力制定長期的修行計畫。因為精進本身就包括了恆心在裡面。

其次，我們應當思維祖師大德的故事，思維佛法不可思議的功德來策勵自己。古往今來，所有的大成就者無一不是靠精進而得成就的，譬如佛陀的六年苦行、密勒日巴祖師終身閉關等等。我們應當常想：世間的人如果一夜之間丟失了百萬家財，一定會像瘋了一樣拚命想要追回來。我們輪轉於生死苦海之中，迷失了自己原本的自性，丟失了無量劫可以受用自在的法身之財，為什麼不能像瘋子那樣一心一意、不畏艱難地把它追回來呢？

我們應當時時觀察佛果的功德和輪迴之苦，警策自己一定要在這一世內就有所覺悟！

精進一方面包括勇猛的心，另一方面還包括不達目的絕不甘休的堅固願力。我們平常發願要根據自己的能力，發了願之後就應當按照願力努力去做，絕不能做到一半、遇到一點小小的挫折就放棄。這樣天人護法會不歡喜，慢慢養成了習慣，將來做任何事都會一事無成。

現代工業社會每個人都十分忙碌，但大家應該利用假日多閉關。平常我們應該修生活瑜伽，把修行和生活結合起來，這

樣即便忙碌，也不會妨礙精進修行。修行的關鍵在於調伏自己的心，而不在於外在的事相。所以，精進的關鍵是意的精進，而不是身的精進。身體應當調節好，不要過於勞累。在行、住、坐、臥時應當時刻觀照自己的心，保持正知正念（特別是密乘行者應時時憶念上師和菩提心），一發現自己與善法不相應就要趕緊拉回來，安住於正知正念，這就是修行，就是真正的精進。

許多人精進是精進，但方法卻不對。他認為所謂的精進，就是一天念多少咒、禮拜多少次，但真正與菩提心相應的念頭卻一個也沒有，整天在枝葉上轉，把握不住根本。這樣的精進，養成不良的修行習氣，反而成了自己證悟的最大障礙。修行時，一開始就要養成好的習慣，以後慢慢地就容易了。若一開始沒有養成好的習慣，以後就什麼也沒有。真正精進修行的人，懂得把修行融入生活的每一個細小環節，不會讓一分一秒毫無意義的空過。

六度中哪一度最重要？

有人說六度之中，佈施排第一，所以佈施最重要。不對！

　　六度之中，般若波羅蜜最重要，離開般若波羅蜜，六度都不能圓滿。

　　為什麼呢？因為般若波羅蜜即是智慧，其餘五度屬方便，方便與智慧的雙運才能圓滿六波羅蜜。如果離開般若智慧，就像失去眼睛一樣，其餘五度就無法把握正確的方向。般若波羅蜜是出世智慧，離開它，僅僅靠有所求的分別之心，要圓滿廣大無邊、不可思議的菩薩大行，是不可能的。

　　那麼，是不是只修般若波羅蜜就夠了，不需要其餘五度了呢？也不是。

　　因為般若波羅蜜如虛空，不可捉摸，無從下手，我們唯有透過佈施、持戒、忍辱、精進、禪定，逐漸積累自己的福慧資糧，才有辦法真正明瞭自心本具的般若智慧。我們所學的顯密教法，都是修行的方便法門，通過修習佛法，認識自心本具的般若智慧。在金剛乘的密法中，更有無邊的方便，讓我們能即生圓滿諸佛的無量智慧，其中最大且最直接的方便，就是依止一位具德的上師，生起堅定、清淨的信心，而能夠與上師相應，由上師直接加持，獲得悉地。

修行覺受生起時應注意什麼？

　　密乘行者經過一段時間的修持，身心會生起一定的覺受，感受到上師三寶的加持，氣脈也會產生一些變化。這都是好的現象，可以增加行者修法的信心，增長定力和智慧。

　　可是，行者也會遇到更大的考驗，如果處理不當，就會出現偏差和危險。因為在受到加持的過程中，不僅會生起好的覺受，也會伴隨著許多不善和不清淨的念頭。有歡喜舒服的覺受，也會有沮喪害怕的感覺生起，由於身體的氣脈逐漸被打通，以前有病和受損傷的地方會感覺疼痛不適，這是自身清淨部分與不淨部分正在分離的表現。

　　由於身心處在逐漸被清淨的過程，原本隱藏著的各種不淨習氣逐漸顯露出來，所以我們會感受到各種不淨現分。而在氣脈打通的過程中，有時帶動了六道的脈，我們會現量感受到六

道輪迴的苦。因為我們無始以來在六道中曾輪迴過無數次，所有這一切習氣都儲存在阿賴耶識。經過自身修持，在因緣和合的情況下，各種習氣就會顯現出來，此時應把它們都看作自心的顯現，不要執著於好的或壞的，應瞭解：一切善與不善的覺受都是上師加持的結果，可以令我們真實領悟六道輪迴皆是自心的顯現，六道父母與自己是沒有分別的，而一切苦、樂、善、惡也是自心的顯現，不去執著、分別、取捨，最終才能證悟原本離分別計較、無整治的自性。

可是我們往往會執著分別這是好的覺受、這是不淨的覺受，一旦出現不好的覺受就認為自己修偏了，走火入魔了！為什麼越修越覺得不清淨、不舒服？應該知道這是在修行中所經歷的不淨現分的過程，這一階段要特別注意防護三昧耶戒，守護對上師三寶的信心，不可因為遇到苦難就喪失對佛法的信心，放棄修行，退失菩提心，更不能隨順那些不善的習氣，進而誹謗上師三寶，否則就只有墮入金剛地獄了。

如果不淨的念頭與習氣特別強烈，甚至對上師三寶生起邪念，要知道這都是由於自心不清淨所造成的，應一心祈請上師的加持，懺悔自己的業障，不可真的做出不如法的事情。如果覺得障礙太大而無力克服，應找尋自己的上師，由上師為你除

遣障礙。

　　總之，應當知道所經歷的不淨現分都是自心的顯現，隨著
自己不斷的修持，定力不斷增強，就不會再受到這些善與不善
境界的影響。只要對上師三寶的信心保持不動搖，遇到挫折不
退失，精進地修下去，必能由不淨現分轉化為清淨現分，見到
原本清淨的自心。

清淨心

　　原本自性不起任何你我好壞的分別，此即是清淨心。眾生由於一念的無明，卻在清淨的本性中顯現出輪迴的種種幻象。這就好比水晶原本無色透明，沒有任何雜色的染垢，置於藍色之處，就會呈現藍的顏色；置於多種顏色之處，就會呈現出如此的顏色。如果我們不明瞭水晶原本的顏色，就會誤認水晶是藍色或多種顏色的物體，而分別執著地追求這些顏色。

　　要想知道水晶的究竟本色，就要有轉化及分辨的能力，才能走出導致染垢的障礙，才可了義。正如十方眾生在六道輪迴的苦厄中迷失了本性，執著外界的色相，於種種如夢如幻的業力果報，妄執為實有而起種種貪瞋煩惱。

　　中觀把萬物分為真、俗二諦。從真諦上講，萬物皆無自性，佛與眾生是無二的。從俗諦上講，眾生是無明染垢，而佛

卻是清淨的。這就好比一個置於無色中和一個置於各種雜色中的水晶，其本質都是水晶（真諦），而顯現為一個無雜染，一個有雜染（俗諦）。

薩迦道果中也說：「不淨現分；瑜伽淨顯現分；清淨現分。」

眾生由於無始以來的無明執著，處於種種的不淨現分：貪、瞋、癡、六道種種業果都是真實的，有的甚至可以見到餓鬼道、地獄道的種種景象。這一切都是自己不淨的心所造成。當我們開始按佛所說的方法來修持時，不斷去除內心的不淨現分，這時又會顯現瑜伽淨顯現分，比如見佛的壇城、本尊、空行、種種明點、各種安樂的覺受和相對的覺悟等等。這種瑜伽淨顯現分只是走向清淨心的過程，並非自己的清淨心。只有當你不再執著任何外相，證悟了輪涅無二，原本自性沒有任何罣礙時，才是清淨現分。正如《心經》中所說：「色不異空，空不異色，色即是空，空即是色。」有人認為這種清淨是什麼都沒有，其實不是這樣的。正如任何外境的顏色都會在水晶上顯現，但卻無法污染原本清淨透明的本性一般。在清淨現分中，外境的一切也是如夢如幻，卻不妨礙你原本清淨自在的本性。

在修行生起、圓滿次第時，道果中云：在與內在的和外在

的上師、本尊、空行相應的過程中，行者會感覺到三種不同的感應。首先，行者在修行的過程中，身體會像冬天時把手伸到外面，全是不舒服、寒冷的感覺。身體會有特別疼痛的覺受，在修行中會見到種種不清淨的景象，產生種種恐懼、沮喪的心理，甚至會現量感覺到六道的種種苦、惡等等。

隨著行者的精進修持，業障開始慢慢消除，這時會感覺像夏天時把手伸到外面，舒服與不舒服的感覺摻雜在一起。在修行境界中會見到自己觀想的本尊、壇城、明點，與其他執著的念頭摻雜，身體上疼痛與舒服快樂的覺受也摻雜在一起，心中生起慈悲的念頭等等，這就是修持的第二種感應。

當行者覺受第三種感應時，就像秋天時把手伸到外面一樣，再也沒有不舒服之感，外在的一切都明瞭歡喜，心中充滿空妙無二的極喜。

許多修行者在經歷不淨現分時，往往會對上師三寶退失信心，甚至疑謗。殊不知這是上師、本尊、空行與自己的脈、風、明點相應的一種感覺。在經歷不淨現分的過程中，防護三昧耶戒是最重要的。只要你保持對上師的信心，隨著精進的修持，必能由不淨現分轉化為清淨現分，因為我們每一個眾生都有水晶般的清淨心。

薈　供

薈供起源於印度，後由蓮師傳入西藏。當時在印度，因為每次薈供的費用很大，所以只有富人才能舉辦這種法會。蓮師悲憫藏地眾生，為了令所有眾生都能迅速積累福慧資糧，就改變了這一傳統。

薈供又稱為薈供輪。所謂「薈」字，有三方面的涵義：

1.男女瑜伽行者集聚在一起修法。

2.把上師、本尊、空行、護法祈請至壇城集會。

3.召集山神、土地、鬼神、六道父母有情、冤親債主到壇城集會。

　　陳設供品一起上供諸佛菩薩、下施六道眾生，稱為「供」。

　　薈供是快速積聚福慧資糧的殊勝修法。在藏傳佛教各傳承中都有不同的薈供儀軌，有些薈供輪甚至要幾天才能修完。但在漢地，大部分弟子沒有這種時間，所以只能採用簡易的儀軌。

　　一般薈供的儀軌大致可分為以下幾部分。

　　首先是祈請歷代傳承上師，以及諸佛菩薩降臨薈供壇城，給予加持，並按一定的儀軌，祈請諸佛菩薩以無量的智慧清淨行者之內、外、密，使之化為勝妙的薈供壇食。外壇食是指陳設的豐富供品，內壇食是指行者自身的四大，密的壇食是指行者意的壇食。

　　第二部分是行者以虔誠心上供諸佛菩薩，並以無執著的平等心祈請上師、本尊、空行、財神、土地，以及六道父母、冤親債主一起入供席，享用內、外、密的薈供甘露。

　　由於受用愉悅的薈供甘露，瑜伽行者生起內在的妙樂，而自然流露出薈供的道歌、道舞。此時，行者應堅信自己就是勇士、勇士母，所在之處即是佛的壇城。這是薈供的第三部分。

　　薈供的最後是把每一樣供品剩下的殘食，收集起來按一定

的儀軌拋到水裡或者西北方，佈施給鬼神。最後，瑜伽行者們一起發願、迴向，使一切不淨之處得以清淨，全都融入圓滿法界。

在早期的薈供中必須要具備五肉、五甘露，但由於後來的眾生越來越無法接受，所以大成就者為了避免眾生的邪見，就用酒肉來代替。享用這些是為了破除行者對淨與不淨的執著和分別（一切原本皆是緣起性空的表法），另一方面是表示我們對佛的無量智慧的堅信。佛無量的智慧能將外界的一切不淨化為清淨的甘露，亦能將五毒化為五智，以此為表法。所以在《密乘十四根本戒》中說道：如果將薈供的壇食視為不淨，是一種犯戒的行為。

金剛道歌、道舞是印度八十瑜伽大成就者絕妙的修行方法。在藏地，當年蓮師協助藏王赤松德贊創建桑耶寺的時候，受到魔的萬般阻擾，蓮師於是跳起威猛的金剛道舞降伏了魔擾。這是西藏金剛道舞的由來。

跳金剛道舞時，行者在上師的引導下進入壇城，以唱金剛道歌、真言、咒語為口密，以金剛道舞的體態、動作，顯現本尊手印為身密，以內心觀想自身為勇士、勇士母為意密，身、口、意三密相應，供養上師、本尊、空行，獲得殊勝的加持。

金剛道舞、道歌是瑜伽自在、無執著的修行方法，完全不同於世間一般的歌舞，其殊勝的功德在《金剛頂經·瑜伽修習毗盧遮那三摩地法》中說道：「由是金剛歌供養，不久當得無礙辯，由以妙舞供養故，當得如來意真身。」

在藏地，大成就者曾經說過：「如果這輩子你能趕上一次殊勝的薈供，下輩子你的吃穿將不會有任何問題。」

當然，薈供的殊勝功德不僅僅在於吃穿。薈供是具足四種事業（息災、增益、懷攝、降伏）的殊勝修法。在藏地，所謂殊勝的薈供，就是有成就的上師參加或者是在吉祥時間（藏曆初十、二十五），由全體具足清淨戒律的瑜伽行者舉行的薈供。

藏曆初十這一天，在藏地，各大寺院都會舉行各種法會。蓮師的弟子們也會在這一天舉行薈供，祈請蓮師的加持。因為蓮師曾答應在這一天回來探視弟子，能在這一天舉行薈供，自然能獲得大的加持。藏曆二十五是空行節，是十方空行環繞虛空、加持眾生的日子。

薈供亦是密乘行者懺悔的一種殊勝方便。在薈供這一天，每一位密乘行者都要在薈供的壇城中，至誠地懺悔自己與戒律相違的過失，令自己重得清淨。按密續的教典：已經破了三昧

耶戒的弟子如果要懺悔，需先舉行薈供，然後在薈供的壇城中，當著上師和眾金剛兄弟的面發露懺悔，並發願從此永不再犯。在求得上師的原諒後，重受灌頂得戒。

放　生

　　關於放生的功德，大家可能聽說過許多了。在這裡，我要談一談幾年來放生普遍存在的幾個問題。

　　許多人聽說放生的功德很大，放的眾生越多越好，就盲目地過分追求放生的數目；若數目不夠，甚至到市場上去預訂。這樣的放生不僅毫無意義，浪費了錢財，更造成更多的眾生被捕殺。這叫放生嗎？

　　另外，還應當特別注意的是：這幾年來，有許多的居士都很發心，他們聽說在佛陀的節日，比如初一、初十、十五、二十五這幾天放生的功德特別大，所以大家就都選在這些固定的日子，到固定的地方，找固定的人採購，然後在同一個地點放生。這樣，做生意的人摸著了規律，就預先多進貨，而放生的地點也容易被人捕撈，這對放生的功德都會造成影響。

根松仁波切在漢地放生

近幾年還出現一些不如法的放生，大家既沒有發心，也沒有按放生儀軌做，只不過是把眾生買來放掉而已。這些都在一定程度上影響了放生的功德，也造成許多人對放生失去信心。

所以在這裡，我要特別祈請各地高僧大德、道場的負責人在放生時應特別注意，以避免發生一些問題。

放生功德的大小，關鍵在於發心的大小，而不只是數目的多少。所以，希望大家放生時不要過分注重放生的數目，而應當對一切眾生發起無偽的大悲心，隨緣地放生。

所放的眾生也應真正是從刀口下救出的才好，切不可到市場上去預訂。市場上有多少眾生就買多少，花不完的錢可以留

到下次放生再買，不一定非要把錢一次全部買掉。在深圳，有的居士專門到魚場預訂魚苗來放生，若數量不夠，魚場就馬上孵化。我認為這種放生實不足取，因為這世上沒有聽說誰買魚苗來吃，而魚苗的繁殖是無窮無盡的，花很多的錢卻起不到真正救度眾生的作用，反而造成許多魚苗在搬運過程中不必要地死亡。雖然幫牠們念經有一定的功德，但這樣「放生」，還不如我們直接到魚場為牠們念經加持，既省錢又不會傷害生命，還可以把省下來的錢拿去做更多利益眾生的事。

放生時不要過分追求功德。放生的時間應隨機一點，大家什麼時候有空就什麼時候去做。不一定要在佛陀的節日放生，也千萬不要讓生意人抓住我們的規律。放生也不一定要許多人集合在一起才做，可以個人去做。比如我的經濟情況允許，今天又有時間，就自己發心到市場上，根據自己的能力買一些來自己念、自己放。這樣做，隨緣地放生，功德反而更為殊勝，因為做的功德不為人知，而且自己確實發了心，所以功德反而比大家一起放生來得殊勝。

還有一點就是，如果許多人聚集在一起放生，一定要按各清淨傳承的儀軌如法莊嚴地放生，這樣放生，又是一種莊嚴的修法，能令所有見聞的眾生也歡喜！

風　水

世人之中不乏迷信風水者，也有人對風水之說嗤之以鼻，認爲純粹是迷信。究竟風水之說是有還是沒有，是眞的還是騙人之術呢？二○○三年三月，泉州弟子拜見上師時，就風水問題請問上師，上師就此作了開示。

在佛的境界裡，心法與色法是圓融無二的。所以，佛能將三千大千世界入於一毛端，三千大千世界不會減小，一毛端亦不會增長，宇宙的山河大地以及一切都在佛的心中。在密乘中，虹光身成就者可以把自己的四大全部融入法界，不留下肉身，也是這個道理。

　　但在凡夫的境界裡，心法就是心法，色法就是色法，同時心法會影響色法，色法也會影響心法。譬如一個人生病了，他會感到心煩，而當他感到鬱悶時，許多東西都會變得不順眼，連平常最喜歡吃的東西也難以下嚥等等。

　　密續中則更具體地告訴我們心念與氣、脈、明點的關係。

　　譬如一個人生起瞋念，氣脈馬上會起變化；如果他發起大菩提心，心輪的脈結很容易便打開等等。同樣的，氣、脈、明點的修持，可以消除修行的障礙以增加定力。不像外道的氣功只知道色法（氣脈）的修持，而沒有心法的修持，其對色法的修持也是由執著心所臆造，或是偷竊密乘的修持方法，卻不知修氣、脈、明點的關鍵在於上師和傳承的加持力，沒有這種加持，很容易會得到魔力加持，所以其最終結果只是煩惱越來越重，甚至出偏著魔。

　　顯乘是從心法的修持下手，可以說把握住了修行的重點和關鍵。而密乘在修持心法的基礎上，也修色法（氣、脈、明點），兩者配合起來修持。修行方便不一樣，最終的目的卻是相同的。

　　在漢地，有大德說：「身安而後道融。」

　　密續的經典也開示：「一個人證悟自性的緣起與四大的調

柔有密不可分的關係。」

　　這些都告訴我們：沒有證悟以前，色法同樣不可忽視。

　　其實大乘的經典中也講到：「緣起即是性空，性空即是緣起。」凡夫以緣起為實，而枉受輪迴的種種痛苦。佛菩薩體悟緣起的當下即是性空，並以緣起為妙用而廣度一切有情，因此不住輪迴，亦不住涅槃。所以在密乘修行的最高層次，一切法皆是修行的方便，甚至殺、盜、淫、妄、酒。當然，我們現在都做不到這一點，但我們應該知道：任何一個緣起法，用得好就有功德，用得不好便都是業障。

　　世間關於風水的說法也是一樣，端看你怎麼去用。用得不好，騙取眾生的錢財，它就是佛戒的五種邪命之一；用得好，即可成為利益眾生的方便。那麼到底有沒有風水呢？

　　外在的四大與內在的四大其實一樣，都是我們自心所變現的色法，都可以直接影響我們的心境。就好比我們到一個吉祥殊勝的道場，就會生歡喜心、身心舒暢；若到那些專門行十惡業的地方，就會感到煩躁。有些修氣、脈、明點的弟子可能知道，到了一個地方，或者和一些業障深重的人接觸之後，你的氣、脈、明點馬上會起相應的反應，有時甚至會嘔吐等等，這也是為什麼密乘行者不應與毀謗上師三寶者為友的原因。

　　一個人具有大福報，就會顯現大福報的相。一個地方的吉祥與否，也可以從外相上看出幾分。但一般人看風水只會套用一些公式去看到它的外表，卻看不到內在的東西。就像他只會看一個人的外相漂亮與否，而看不出他的內心善惡。而大成就者不需什麼公式，在自性的明覺中就能知道裡裡外外的一切。

　　佛法對於地理的看法猶如對面相的看法一樣，不會像世間人所說，面相好就一輩子都好，面相差就一輩子都差。一切都是緣起之法，都是無常，因此是可以改變的。就像一個人雖然天生福相，但此生如果專行惡業，面相必然變壞。相反的，一個行大善的人，不僅可以改變不好的命運，連面相都會改變。地理也會因為居住者的善惡業而受影響。其實這個道理很容易明白，就像地球的環境為什麼會一天天惡化？這是因為眾生的業障越來越重、人們的向善之心越來越弱的緣故。所以風水只是一種輔助，關鍵仍在於我們的心。

　　心法與色法無二，所以佛和大成就者，可以用他們本性不可思議的妙用來調柔內在的四大，甚至外在的四大亦能調柔。所以，我們常聽說大成就者被扔到火堆裡，火堆變成了湖等不可思議之事。佛經中也記載佛在講經說法之前，先令大地起六種震動。為什麼要六種震動？就是要先調柔外在的四大，令眾

生生起向法之心。所以，我們如果能到大成就者閉關修行過的道場去修持，自然可以獲得加持，成為修持上很好的助緣。

利用風水來選擇道場和閉關之處，對一位瑜伽行者來說是必要的。但我發覺在漢地，人們往往利用風水為死去的祖先找墓地，這其實是十分愚癡的行為。

在藏地，人死之後，一般都會請活佛或寺院的僧人為他們念經超度，希望他們早日轉世投胎，不要再來找家人的麻煩。但在漢地，人們卻不肯讓他們超脫，千方百計為他們找住處（墓地），禮拜供養、求保佑，但他們自己都還沒斷煩惱，自身難保，又怎麼能保佑你呢？

對女弟子們的開示

　　去年（一九九九年）在瓦拉德欽寺的時候，我認定我們這個傳承的七個傳承弟子都是男性。有些人可能會說：「上師是不是對女性有偏見？」其實我最歡喜的還是女性能成就。為什麼？你看我們的千佛殿就供著空行母像，怎麼能說我偏向男性呢？釋迦佛像可以供，蓮師像可以供，喜金剛像也可以供，為什麼偏偏供空行母像呢？因為歷史上女性成就者很稀少，而且女性成就也大都深藏不露，所以我更希望女性能成就。

　　有些大成就者的佛母，如第二世蔣揚欽哲仁波切的佛母，當今薩迦法王的姐姐，都是傳承公認的女性成就者。像我們十一面觀音的傳承師瑪巴姆，還有瑪姬拉卓、結尊瑪等等，也都是女性成就者。還有我昨天說的，囊文曲培松保上師的主要

弟子——諾永，她的閉關洞，我進去一看，就只有床一半大的地方，白天、黑夜她就坐在那裡修法。山洞還會漏水，真的漏得沒辦法了，就搭個塑膠布，下面還放著燒茶的器具，連桌子都沒有，只有一個用木頭和樹皮綁成的小桌子，上面放著經文、糌粑和一些吃的，此外一無所有。她就在這樣艱困的條件下，足足閉關了十八年，單是空行母心咒就修了一億遍，這個數目是個天文數字。明年你們也可以到她的閉關洞去看看，保證過不了幾天你就受不了。

我曾經跟大家講過普賢上師（巴楚仁波切）的一位女弟子，她比誰都忙，不分白天黑夜地工作，最後一樣也成就了，而且比其他的弟子都有成就。為什麼？她身雖然忙，心裡卻始終在祈請自己的上師，始終跟上師和法相應，這樣做世間的事也是在修法，在消業，在修正自己的身、口、意。

我沒有男女的分別與偏見，在稱多縣獨自閉關修行時，第一次聽我講法的就是四個女弟子。雖然她們都是家庭主婦，很虔誠地追求法，卻苦於沒有人引導，我就一直悉心引導她們。她們確實修得不錯，對上師三寶有恭敬心，對眾生有悲心，與上師和法很相應。

在西藏，不少女性都很想專心地修學佛法，可是她們學佛

太難了。長期以來，傳統的習俗使許多人對女性學佛存有偏見，總認為女性學佛不可能有大的成就，所以女性雖想修學佛法，但因家裡不支持而缺乏生活來源。許多人雖然落髮受戒，但由於女眾寺院很少，她們只能在家裡幫兄弟姐妹照顧孩子，整天忙裡忙外，成了家中免費的傭人，老了又沒有兒女照顧，只能依靠自己的侄兒、侄女，許多女性學佛者的一生就這樣蹉跎了。

　　我有感於女性學佛遇到的種種困難，發心修復了空行道場和蓮花道場，作為她們的修行場所。至今已安排十幾位尼姑在這兩個道場長年閉關。她們的生活費用全部由我安排解決。還有那隆道場的一百零八位尼姑沒有住處，我又籌錢為她們修閉關洞，現在已解決了部分尼姑的住處問題。和諾永一起閉關的幾位尼姑，每個人雖有一個閉關洞，但很狹小，也缺少能讓十幾個人一起聚會的房子，因此做薈供只能露天進行。我又發心在閉關洞旁修了一個小經堂。這些尼姑和我非親非故，我為什麼要這麼做？大家好好想想！

　　在我們這裡，學佛的大部分是女性，不愁吃、不愁穿，有這麼好的學佛條件，卻不想著精進修行，一邊坐在那裡修法，一邊想著世間的是非，總是放不下。金剛道友在一起時不是談

論修行，而是談家常、說閒話。上師在的時候還會修一點，等上師一走，人走茶涼，修法的心也涼了。

其實密宗殊勝並不僅僅是灌頂。上師天天給你灌頂，你就能成就了嗎？重要的是，上師灌頂種下的種子，你怎麼把它保護好、培育好，怎麼與上師、與法相應，這才是最關鍵的。

這一次大家來，最主要是要調整大家學佛的心態，使大家對密法有進一步的認識。在座大部分可以說修學密法都有一定時間了，但究竟修得怎麼樣呢？有些弟子因為原來出離心就比較健全，所以學密法進步得很快，各方面都比較好。也有些弟子雖然跟著上師很長時間，卻沒有多大進步，為什麼呢？因為老是不肯改掉自己的習氣，總是固執於自己的觀點，以致為修法帶來很大的障礙。我們修學佛法，應當先把自己一切錯誤的想法放下，按照法的儀軌、上師的引導去修才行。所以在座的女弟子們，拜託你們放下「屠刀」好不好？

「屠刀」是什麼意思？就是頑固的習氣，因為它是專門傷害我們的慧命的。

顯乘中說，女性不能即身成就；密乘則說，女性是智慧的象徵。就修行來說，女性有很多方面優於男性，所以希望大家不要有自卑感，覺得自己不如男性。為什麼女性的成就者少？

最主要是性格方面的原因，絕大多數的女性，其情緒勝過理智，發不起真正廣大勇猛之心，容易在小事情上計較，也比較優柔寡斷。

當然，這些缺點男性也有。男性不能發起廣大的心，一樣不能成就；女性能發起廣大的心，一樣能成就。

像上面所說的幾位女性成就者，就是我們男女修行者的共同榜樣。我也衷心希望我們的傳承能真正有一些女性的成就者！

一匹馬、一丈布、一碗奶

　　西藏有一位成就者，一生示現如乞丐般的瑜伽行者。一次，一戶大富之家的兒子不幸去世，請了當地一位名聲顯赫的法師為他超度。按照當地的習俗，超度之後，要把家裡最好的那匹馬供養給超度的人。

　　那位貪心的法師一邊念誦，心裡卻在盤算著主人家的那匹馬。法師的侍者卻因見到生死無常而對眾生生起悲心，他想：我沒有能力度化他，但我的師傅是大法師，我祈請自己的師傅度化他。主人見他們念得很認真，就供養了法師一匹最好的馬，並給侍者一丈布。

　　這位成就者在閉關中見到死者曾和自己有過一段宿緣，就來到主人家門口。主人以為他是乞丐，就佈施他一碗牛奶。他喝完牛奶之後，來到死者的面前喝了一聲「呸」，打了一個手

印，死者的頭蓋當即流出鮮血。主人一看大感驚異，他卻哈哈
一笑走了。

貪心的法師得到一匹馬。

慈悲的侍者得到一丈布。

超度的人喝了一碗奶。

故事講完了，大家應當好好想想這個故事說明了什麼。每
一個祖師的故事都有深刻的道理，大家不好好思考是體會不到
的。

其實這個故事是在闡明一個基本的佛理：怎樣才能度化眾
生。

故事中的三個人：貪心的法師、慈悲的侍者和證悟的瑜伽
師，其實是代表我們的三種心：煩惱心、執著的悲心（相對菩
提心）和清淨心。

故事告訴我們：唯有證悟了清淨心才能度化眾生；煩惱心
不能；而單單有執著的悲心依然不夠。

為什麼要大家好好修持，不要急著去利益眾生，也是同樣
的道理。其實沒有比修行更能利益眾生的了。

什麼是對上師最大的供養？修法的供養即是最大的供養。
什麼是最大的佈施？你能專心修持，然後把修持的功德迴向給

所有眾生，就是對眾生最大的法施。

　　我們當然要發大願。但是在你還沒證悟清淨心之前，應當盡量少跟外界接觸。自己能靜下心來好好修持，就能最大的利益眾生。整天東跑西跑，表面上說是利益眾生，最終往往是眾生「度」了你。就好比一個剛戒菸的人，整天泡在一群老菸鬼中勸他們戒菸，最終不僅不能勸別人戒菸，反而讓自己的菸癮再犯。所以一定要徹底斷除自己的無明和習氣才行啊！

簡短開示選錄

　　事情沒辦以前，多往壞處想；事情已經辦完了，要多往好處想。

　　如果發心不正，修法遲早會出問題。

　　同樣的經文，同樣的時間，同樣的地點，為什麼不同的人念卻有不同的功德，因為大家的發心和對法的相應都不一樣。

　　上師即便未圓滿十三地，但你把他當作十三地的佛，你就可以獲得殊勝的加持，就可以圓滿十三地。

　　越是傲慢的人，離道越遠。想想看：釋迦佛在世的時候每天都跟比丘一樣去乞食，我們又有什麼可以傲慢的呢？

　　虔誠心的力量可以把狗牙變成舍利。清淨心的力量可以把五毒化爲五智。

　　佛法不單是一種教育，因爲它有悟。教育只能達到有分別的理性。佛法是能令人證到無分別的大智慧。

　　越是對我不好的人，我越是要對他好，對他忍讓；越是對我好的人，我越是要對他嚴屬，越是要指出他的毛病。

　　不是外在的萬物萬象不清淨，而是自己的内心不清淨。内心清淨了，萬物萬象都是佛的壇城，都是修行的方便。若是心裡不清淨，再大的高僧大德來了也不會有收穫。你將所有的大成就者全都拜了，還是覺得自己最了不起。

　　所有的煩惱都是自找的，都是因爲自己放不下。眞正放下了，西方極樂世界、阿彌陀佛就在你的當下。可是我們爲什麼總是敲不開極樂世界的門，關鍵還是我們不肯下定決心，不肯把上師交給你的鑰匙好好使用。

　　越是傲慢的人，離法越遠。我們每個弟子都要有低人之心。利美法王每次坐在法座上都會說：「我坐在這上面，心裡感到很慚愧……」囊文曲培松保上師雖然證得與金剛持無二的果位，卻總是把自己看成最普通、最平凡的人。

　　什麼法最大？相應的法最大。誰是第二佛陀？行者的根本上師是真正的第二佛陀。

　　我們不能有我慢，卻要有佛慢。對人不能有傲慢之心，對自己的煩惱和我執卻必須要有慢心，要堅信自己具備與上師諸佛無二的佛心，此佛心能降伏一切煩惱，淨除一切業障。

　　灌頂的時候，要觀想上師的加持清淨了你的業障，你與上師諸佛菩薩共用有空妙之樂，要有堅信！八萬四千法門歸於心，一切的方法都是為了糾正你的心、修證你的心、處理你的心。一個人成佛或成魔，都取決於自己的心。

•忠告篇•

自殺必墮三惡道

　　一位女居士頗感焦慮地問仁波切：「我的兒子因受了邪說的毒害，幾度欲輕生以求解脫痛苦，並且以為自殺是對佛虔誠的表示。請問仁波切，以自殺的形式來表示對佛的虔誠是否如理如法，能否解脫？」

　　佛的戒律中，第一條戒就是殺戒。若出家比丘犯了殺戒，死後必墮三惡道，這是佛在律典中一再明示的。而所戒的對象為一切眾生，這一切的眾生自然也包括自己在內。所殺的對象又以殺人為最重，因為人身難得，成佛也要靠這個人身的緣故。所以依佛的戒律，自殺即是犯下殺人之戒，是極重的罪，死後必墮三惡道，受無量苦。

　　《密乘十四根本戒》中有一條：損害自身肉體，影響修行。因為密乘是果位的修法，就圓滿次第而言，我們的肉身就

是佛的壇城，五蘊即是五方佛，此肉身即具足法報化三身，所以，密乘的虹光成就者圓寂時連肉身都不留。殘害自己的肉身就等於損害自身佛，損害尚且不可，更何況殺害！密乘中說，自殺就等於殺佛，再也沒有比這更重的罪了。一個行者若是自殺，必墮三惡道，在七七四十九天中陰期內亦不得超度。

因為大部分的人自殺時會處於極度恐懼、痛苦和怨恨之中，這一念的執著難於捨離。而且在中陰的每天都會重複自殺時的情形，痛苦和恐懼無比，所以亡者必墮入三惡道中，無法超度。

佛制戒律中還說：不僅自殺是破戒的行為，而且勸人自殺、隨喜他人自殺亦同樣破戒。若對病人、惡人說：「你本來的業障重，在世上只會感受無邊痛苦，又不能積累福報，還不如自殺。」若他人接受勸告，以服毒等方法自殺，則勸者自己會得根本罪。

若對具足戒律的病人、善人說：「現在你有清淨的戒體，若現在死去，可往生西方極樂世界，而且今後就不可能破戒。」或者對老人說：「上師仍在世，且僧眾的數量眾多，念頗瓦的加持力大，若現在死去，有很大的把握可往生西方極樂世界。」若他人果真因此而自殺，勸者便犯根本罪。說這些話

的人若是佛弟子，則已經破了根本戒律，不復為佛弟子，死後必墮三惡道。

若派人帶口信、書信等，教他人自殺，也與親口勸說同罪（同犯根本罪）。佛在經中規定，在探望病人或老人時，應鼓勵他好好活下去，祈請三寶，積福懺罪，獲得證悟，弘法利生等。

佛法也講世間是苦的，充滿生、老、病、死諸多痛苦（苦諦），但是並不主張人們逃避這些痛苦（邪教則主張以自殺來逃避這些痛苦）。並且告訴我們要正視痛苦、認識痛苦的根源——因為無明（集諦，也就是不瞭解「我是誰」，以及宇宙人生緣起性空的真理）。四諦中的第三諦「滅諦」，就是告訴我們要破除無明；道諦則是如何破除無明而證得內心真正的自在和解脫。四諦是佛法的根本，不符合四諦的理論都不屬於佛陀的正法。

所以，佛法認為人們痛苦的根源是自心的無明（邪教則認為痛苦的根源是因為人有生命）。而且佛陀一直強調，只有在人道中才有可能徹底解決無明和煩惱，在天道、阿修羅道、地獄、餓鬼、畜生道皆無可能。所以，佛法不論顯密，一開始講的就是「人身難得」。佛陀在經典中曾引用無數的比喻來說明

人身難得，教誡弟子要好好把握難得的人身，不可以有一分一秒的浪費。佛經中還記載：天道眾生要死亡的時候，其他的天人都會祝願他們能投生人道。在天人看來，人道優於天道，因為人道修學佛法的條件遠遠勝過天道。十方三世一切諸佛都是在人道中證得無上正等正覺，因此人希望死後升天，其實是十分顛倒的行為。

在密乘中則更強調要即身成就，在這一世的人身中就要徹底破除無明，化五毒為五智。而修行的方法唯有借助難得的人身才有可能達到。既然如此，我們為什麼不好好珍惜這難得的人身呢？

再者，從佛法三世因果的角度來說：一個人所造的任何善惡業（包括起心動念）都會成為因（就像種子一樣），一旦外緣成熟（就像陽光、水分、空氣等條件），自己還要受報。而且這種因果報應並不會隨著生命的結束而停止，而是生生世世連續不斷的，絲毫不爽。所以佛法主張：要避免不好的果報，唯有從因上努力才有可能（行善、修四力懺悔等）。自殺不可能改變因果，因為生命雖然結束，但那些惡因依然存在於你的阿賴耶識中，一旦因緣成熟，還是得受還。而這一世一旦自殺了，便會在阿賴耶識種下自殺的種子，生生世世皆有可能再自殺。

　　現代心理學家研究發現：一般普通的人在一生中都會有一至三次想自殺的念頭。為什麼會如此？佛法說得很清楚，因為人生是痛苦的。其實一個人只要沒有真正斷除無明，痛苦便會永遠存在。大家不清楚痛苦的根源是內心的無明，所以想靠自殺來解決，殊不知自殺不僅不能解決痛苦，甚至還會增加無量的痛苦。因此，唯有破除無明，才有可能解決痛苦。

　　心理學家也發現，人除了飲食、男女的需求之外，還有一個就是宗教性的需要。因為正確的宗教信仰有助於人們平衡內心感情和理智的矛盾。其實一個人只要沒有真正的證悟，感情和理智的衝突便是永遠存在的。而自殺的根源，也正是來自於感情和理智的強烈衝突。邪教正是利用這一點來挑撥你的感情層面，加劇兩者間的衝突，使你喪失理智，達到他個人的目的。一般宗教是透過行善的力量來幫助人們達到內心的平衡，給人精神上的慰藉，所以，正確的宗教對社會的穩定和發展是有利的。

　　而佛法一開始便先培養你理智思維的層面。佛講經時一定要先說：「諦聽諦聽，善思念之！」最終教你怎樣徹底斷除無明，從而證得真正的大自在、大智慧，這就不是其他宗教能做到的了。如果一個人沒有正確的信仰和引導，內心對宗教的本

能需求必然會盲目地誤導他信仰邪教。所以，宗教的正確引導是一個很關鍵的問題，同時更關係著整個國家和社會的安定。

可惜的是，現代人很少能夠真正瞭解佛法、實踐佛法。將真正能為我們帶來解脫、穩定社會人心的佛法置之不理，整天只知道向外追求享受，卻不知痛苦和快樂都來自於內心，而不是外境。一個人整天在無明煩惱堆裡，怎麼享受？得到了煩惱，得不到也煩惱。其實真正懂得享受的是證悟者，心中沒有一點罣礙，生活沒有一點壓力，擁有三千大千世界的財富和一無所有一樣自在大樂，這才是真正的享受。這正是我們每個人真正應該追求的東西，只要你肯努力，即身就能達到，為什麼不好好努力呢？

提到自殺的論著

《密勒日巴尊者傳》

我（密勒日巴尊者）的罪障很重，上師和師母都為我受這樣的痛苦，今生此世不能修法成就，還是自殺吧！於是拔出小刀來自殺。俄巴喇嘛一把抱住了我，淚流不止地說道：「啊！

大力，我的朋友啊！莫要這樣做啊！世尊教法的究竟，是秘密
金剛乘，金剛乘的教義說：自身的蘊、界、處就是佛陀，在壽
命未終之時，即使行轉識法，都有殺佛之罪。世上再也沒有比
自殺更大的罪了。就是顯乘中也說：沒有比自斷生命更重的罪
了。你要好好地想想，放棄自殺的念頭吧！」

《臨終備覽》

佛制戒律中非但禁止自殺，且罪極重……。

自殺非但違背佛陀戒律，且多感應至痛苦不堪的地獄。今
生自殺，八識田中即具足自殺種子，生生世世皆有可能再自
殺。

自殺者死相難看，若墮鬼道，則執著死亡時痛苦而醜陋之
形象。鬼道相貌完全相同於死時的相貌，且生生世世常在惡
道，難以超脫。

自殺身亡者，安慰無效。

《西藏生死書》

被謀殺者、自殺者、意外死亡者或死於戰爭者，會很容易
被他們的痛苦、怨恨或恐懼所征服，會被拘禁在死亡經驗中，

無法繼續再生的過程。

自殺者的神識會發生什麼變化？

頂果欽哲仁波切說：當一個人選擇自殺時，神識除了跟隨他的惡業之外，別無選擇，很可能會有厲鬼控制和擁有他的生命力。在自殺的案例中，法力強大的上師必須修特別的法門，如火供和其他儀式，才能解脫亡者的神識。

對抽菸者的忠告
（仁波切於東北開示）

　　許多人不知道菸的由來，認為佛陀的五戒中沒有菸戒，所以抽菸應該沒什麼關係。其實抽菸的危害，遠勝於殺、盜、淫諸罪。今天這裡有七位抽菸者，所以我就跟大家講講菸的由來，你們要好好的聽。

　　在釋迦牟尼佛轉法輪時，有個誹謗佛、法、僧三寶而破戒的弟子，她心生怨恨，於是發願：將來一定要在人間留下惡種子，讓眾生無法修學佛法！由於她發的是毒願，所以力量特別強大。她魔心不歇，死後就成了魔，企圖再次阻撓釋迦牟尼佛轉法輪度眾生，她準備把魔與魔女所生的蛋，帶到人間佛法最興盛的地方──印度。當她快抵達印度時，因為釋迦牟尼的佛光普照，所以她無法進去。

　　五百年間正法興盛，她一直沒有機會。釋迦牟尼佛涅槃五百年後，她又想出來興風作浪。當她剛從地底出來時，就遇到西南方蓮花生的佛光，又無法進來。可是她並未就此甘休，就把魔蛋捏碎，磨成粉後灑在虛空中，隨風吹到了與印度毗鄰的城市。第二年，那兒就長出一種非常奇異的草，這就是菸草。後來被一個五百多歲的婆羅門老人發現，她心想，自己活了五百多年，從未見過這樣的異草，覺得很稀奇，就把草拔回去，拿到印度一個城市裡販賣。

　　這個城市有個魔所化現的妓女，她一見到這種草，馬上生起強烈的貪戀之心，便以高價買下了。隨後她把這種草點燃，熏吸，覺得渾身舒暢，接著便開始引種。由於她的魔力，第二年就獲得了豐收，此後便一傳十、十傳百地種植、吸食開來。那時還沒有製成現在的香菸，只是研磨成細粉，用鼻子吸，或者攪著吃，也有人點燃熏身。藏族人抽菸是用鼻子吸，許多人因此而不得解脫。

　　以上主要是根據蓮花生大師專論「菸的由來」的開示而談。

　　為什麼抽菸就無法解脫呢？因為菸會專門薰染人的中脈。按密續所說：人死的時候，明點要從中脈的頂端出去才能解

脫。抽菸會閉塞頂輪的脈結，臨終時明點無法從頂門走。所以，蓮花生大師一再說：吸菸者無法解脫，而且必墮無疑。再者，抽菸的人令諸佛菩薩皆不歡喜，一切護法也都會遠離他。現在末法時代的眾生，不知道抽菸的危害，對菸戀戀不捨。有人甚至說：「讓我戒菸，還不如讓我戒飯。」

　　為什麼會有菸癮？這與毒癮有點相似，其實就是吸毒的一小部分。我勸你們戒菸也是為了你們好。抽菸究竟有什麼好？

　　從現實的角度來說：第一，對身體不好。現代醫學已證明抽菸是慢性自殺的行為；特別是我們密乘行者，一旦抽菸，不管你有多精進，修行也不可能進步。為什麼？修一天的功德抵不過你抽一支菸，這邊的氣脈剛剛有一點進步，菸一進去就都沒了。

　　第二，傷害其他的眾生。大家都知道，吸二手菸的危害比抽一手菸還大，所以抽菸不僅傷害自己，更傷害其他的眾生，尤其是自己的家人，同時也是毫無意義的虛擲錢財。你看，抽菸可說沒有任何好處。今天上師剛給你加持，回頭你馬上又抽菸，就把上師所賜的加持熏沒了。總之，菸是專門障礙眾生解脫的毒物，生死事大，切不可當兒戲！

　　由於菸是魔的願力所化，所以菸癮的魔力很大，難以戒

除，並且會不斷地找你、誘惑你。所以要戒菸，非下定極大決心不可。希望在座有抽菸的人要真正的戒掉它。在上師諸佛面前，虔誠懺悔，發願戒菸。這就跟受戒一樣，因為在上師諸佛面前受持菸戒，有功德，也有護持。

蓮花生大師預言：「一旦在任何一位善知識面前發誓，並真正把菸戒了，我會像你的影子一樣護持你！」蓮花生大士對於菸的由來和吸菸的危害已作了明確的開示，今天只是概括地跟大家講講，以後有因緣再翻譯。

總之，我希望我的弟子中沒有菸民，不受菸魔的侵害。大家能做到嗎？

（七位吸菸者聞後，都向仁波切表示願受菸戒。）

我很高興，這說明大家對我還是有信心的。今天既然在上師和諸佛面前受了戒，就不能再抽菸了，否則就等於是欺騙諸佛上師，這是有很大罪過的。當菸癮犯了的時候，要懂得對治，多想想菸的壞處、多祈請上師三寶、多念念百字明咒。而且要遠離那些吸菸的人，切不可再隨著習氣而轉！

• 釋疑篇 •

根松仁波切答疑選錄

問：密乘是果位的修法，那麼受密乘的皈依後，是否可以直接
　　觀想我即本尊、本尊即我？

答：我到漢地之後，才發覺不僅是學密行者，就是學顯乘的行
　　者，也大都不重視修行的次第。學佛需要一步一步腳踏實
　　地的修上去，不要想三步並作一步走，急於求成的心態對
　　於成就佛果不僅無益，反而有害。

　　我經常勸人家不要輕易進入密乘，也是這個道理。一個人
　　如果沒有修好共同的前行就進入密乘，往往很容易出差
　　錯。而進入密乘之後，只有兩種結果：要麼成就佛果，要
　　麼到金剛地獄去。密乘的修法也應先修好不共前行，再修
　　止觀雙運，然後才能進入本尊的生起次第和圓滿次第的修
　　法。一步一步來，如果一開始就從圓滿次第修起，不僅得
　　不到證悟，反而會增加自己的罪業。

有弟子向上師慨歎：生活很苦，人生有著種種不如意。

仁波切笑著答：人生不苦，人生是很美好的，要高高興興、歡歡喜喜的學佛。真正苦的是三惡道的苦。所有的煩惱都是自己造的，都是因為自己放不下。這些煩惱唯有在難得的人道中才能解決。我們有機會聽聞佛法，透過修學佛法，我們完全可以在今生之內就把這些煩惱通通解決。

弟子說：我也想精進，但總是沒辦法精進起來。

答：你心裡總是想著沒辦法，那就真的沒辦法了。你要多想想生死無常、因果、輪迴的苦，關鍵在於你的出離心。

一位其他傳承的弟子問：上師，我每次修法都會遇到各種違緣而修不下去，學佛許多年了，世間的福報也沒多大增長，怎麼辦？

答：應當多念蓮師除障道。這主要是你們在接法的緣起上不如法，所以會有許多的因果。光接法而不修法，不建立出世之心，光祈願世間的發達，這樣的接法，會有很大的法障。業障加上所求障，在修持的過程中，障礙自然會越來越大。

我也知道你們發心要建道場，要弘法利生，這是很好的。發了心之後，你們也要承受眾生的業障。若自己沒有修持的定力，怎麼去承受呢？

還有就是自己看了太多的書，又沒有善知識的引導，反而增加了所知障。你看給密勒日巴尊者下毒的就是一位大學者，為什麼呢？以為我知道的最多，別人講的都不如我，對大成就者也是半信半疑。

我也見過一些漢地講法的居士，講著講著，結果自己最不如法，自稱上師，改法本、傳法，到後來甚至對上師都不肯恭敬供養了。

佛法還是要修，不能光靠講。接了法之後要馬上修，爭分奪秒地修。修法才是最主要的，世間法是次要。

為了世間的福報而去修法，所修的法當中加了許多不淨之物。這樣發心修法，怎能說是密乘行者。再說，金錢和福報是越執著越得不到，反之，你有德行和證量，福報自然就會增長。

上師不會在意你拿多少錢供養，真正高興的是你們能精進地修持。

做事情應該隨著因緣去做，盡力就可以了，不必執著於結

果。沒有因緣卻硬著頭皮去做、到處去找，即便找著了也沒用。你們的上師，他的傳承和法可以說是西康最殊勝的，你們應該穩定地跟隨上師修法，不應再東跑西跑。好好的修法，才不會辜負上師的期望。

有兩位年輕學佛者（未皈依密乘）向上師請法。

問：最近誦經時，頭腦常覺得昏漲，而且有耳鳴的感覺。請問上師，這是否出偏了？

（上師入定片刻，然後為黃居士把脈。）

答：這不是什麼出偏。我看你學佛的緣起還滿好的，這是由於身體過於虛弱所造成的。

身體是學佛的本錢，回去之後應該先把身體調好，看看中醫。誦經不要貪多。學佛不是一天兩天的事，不要急於求成。你讓身體超過負荷，會起反作用，影響修行。

在沒有證悟之前，還是要靠這個身體。證悟了之後，身體不會影響你的心。調節好身體之後，應該多念蓮師心咒。

（兩位學佛者說沒有傳承，上師當即傳了蓮師心咒。）

之後，居士向上師請教有關吃肉的問題：「我一見到肉就感到害怕。」

上師答：因為害怕而不吃，這不是一位大乘行者的發心。
應該是以慈悲心而不去吃它。

密乘行者吃肉，明知吃肉會有因果，但是為了與眾生結
緣，寧可自己承受不好的果報，也要讓眾生有解脫的因
緣。

問：長壽法是否應與頗瓦法一起修？

答：頗瓦法有法、報、化三身頗瓦。化身頗瓦容易影響壽命，
所以要修長壽法來彌補。一般人修頗瓦，以修報身頗瓦為
好。在藏地，年輕人一般不修頗瓦法，老年人才修。一般
年輕人都是根據上師的口耳傳承修本尊法。

問：我女兒患有精神病，不時會發作，我該如何幫助她？

答：應該多替她懺悔，多修法迴向給她。這是個人因果，你現
在叫她修法也不可能。一天到晚痛哭流淚，對她也不好。
回去看看醫生吃吃藥。

問：我修法時，丈夫常會覺得反感，我該怎麼辦？

答：對佛有虔誠之心，在哪裡都可以祈請、可以禮拜。只要

玉樹稱多空行道場法會

你有虔誠之心，誰也無法阻擋你修法。不讓你點香，你就
不要點，但心裡一樣可以點香。眾生之間難免有矛盾。學
佛之人要不斷修證自己的心，要看自己的毛病，而不要看
別人的毛病。只要你能精進去修持，不斷地修正自己，一
切的障礙自然會慢慢克服。眾生都有佛性，一定會慢慢改
變。

根松仁波切

著譯選錄

偈頌選錄

普賢王如來祈請頌

原本怙主普賢智慧境

無二佛母空樂自在印

本來離戲無執任運身

祈賜平等大樂智慧果

生死中陰金剛慧　不滅不生自性淨

無二法相三世顯　絕妙自在慈悲尊

（一九九九年元月仁波切答福州弟子問四大傳承的法義）

自然智慧清淨空樂藏

諸法實相如意大圓鏡

無有平等元成唯一性

本覺慧明離戲菩提心

（一九九九年六月仁波切答弟子問大圓滿的法義）

賜廈門弟子

鷺島空城晝　　不見人車密

離戲自在印　　不執明空有

放生口占一絕

勝妙大圓九乘法　　慈悲放生積善圓

我佛威力度眾生　　加被速證十三地

（戊寅年四月十八，仁波切與汕頭眾居士前往饒平梁溪水庫放生功德圓滿，歸途中仁波切甚喜，以放生車牌09013口占一絕。）

可見人生貴　時光飛流逝

一旦離娑婆　數世無緣暇

不論何處去　因果隨業力

三惡極殘酷　難結輪迴夢

懇求上師寶　指明當下覺

（一九九九年三月十六日仁波切寫於鷺島）

空行母祈請頌

俱生本性空行母　原本怙主智慧尊

明空雙運生四喜　大樂成就獲四灌

（緣起：二〇〇〇年六月，仁波切經過一處殊勝的空行母道場，這裡有一位女性修行者是金剛持囊文曲培松保上師親傳弟子，修持空行母法成就。囊文曲培松保上師曾說她就是活生生的空行母。她邀請仁波切到閉關洞內，連同四位僧人、幾位尼姑一起作了一個空行母的薈供，然後她把自己念誦一億多遍空行母心咒的念珠供養仁波切，表示將自己的一切修行功德供養傳承上師。之後，仁波切在閉關洞內觀修一夜，生起了許多善妙的覺受，法喜充滿中，自然流露出此空行母祈請頌。）

譯作選錄

能顯自然根本智普賢王如來祈願文

漢譯：根松仁波切

（注：藏文原著為掘藏法。仁波切根據本傳承之教授，及自身修持之內證覺受和領悟，譯成漢文。其內容有本傳承獨有的，也有與其他傳承共通之處，特此說明。）

頂禮原始本初佛普賢王如來

火

顯空輪涅諸幻相　　一根二道二因果

覺與無明所化現　　普賢如來廣大願

令一切融法界宮　　速證圓滿佛陀位

眞如體性本無爲　　法爾自在絕妙境
原本輪涅無此名　　覺了法爾即佛陀
眾生無明墮輪迴　　普願三界諸有情
證得離言眞實義

普賢如來如實曰　　眞如本性離因緣
法爾原本自在智　　內外增減過犯無
失念暗垢無罣礙　　故爾自顯離染垢
自性原本清淨住　　三界縱惡亦無懼
五欲愛執無貪戀　　覺顯無別自然智
自性明空無罣礙　　本淨無色無五毒
根本自性具五智　　於此五智圓滿境
自顯五智如來佛　　廣大無量智慧中
顯現寂靜四十二　　勇猛五智威光力
顯現六十飲血尊　　本體元明未迷失
我即原始本初佛　　悲心發起廣大願
輪迴三界有情眾　　了知自然本覺明
直至圓滿無量智

我之化身無間斷　　剎那化現無量尊
一切所求善調伏　　我發廣大悲宏願
三界輪迴有情眾　　六道苦厄悉解脫

眾生無始無明故　　迷失根本之自性
無知失念住黑暗　　此即無明輪迴因
從彼驚恐悶絕中　　念動驚醒生怖畏
故起自他貪瞋執　　習氣薰染漸增長
世間習性隨生起　　五蘊熾盛苦惱逼
五毒惡業無間斷　　眾生迷惑之根源
即是無明與失念　　由我普賢廣大願
一切皆明自心性

俱生無明蔽本覺　　失念迷蒙散亂心
諸相分別因無明　　自他二取執為實
俱生分別與無明　　即是眾生顛倒因
由我普賢廣大願　　令諸輪迴有情眾
消除失念之黑暗　　清淨能所二取執
了知真實自心性

心著二執起猶豫　生起微細貪著心
習氣深重令增長　食住衣財及伴侶
親友眷屬五欲等　貪著欲樂熾熱惱
彼令世間惑幻生　由是二取業無盡
貪欲果報成熟時　投生貪惱餓鬼中
常受難忍饑渴苦　由我普賢廣大願
普令貪欲諸有情　不捨外來貪欲境
不著貪欲生起處　自心安住本明覺
眞實覺了鬆坦住　得證勝妙觀察智

外境所顯諸幻相　念動微細怖畏生
仇怒習氣增長瞋　忿起殺害怨敵心
瞋恚果報成熟時　長受地獄苦煎熬
由我普賢廣大願　普令六道諸眾生
瞋恚猛烈增長時　自心放鬆莫取捨
眞實覺了鬆坦住　得證勝大圓鏡智

由於自心起傲慢　於他生諸競爭心
如是猛烈盛傲慢　自他爭鬥起苦惱

彼業果報成熟時　暫生天道報盡墮
由我普賢廣大願　令傲慢心諸眾生
自心放鬆明心性　眞實覺了鬆坦住
得證勝平等性智

二取執實染習氣　自讚毀他痛苦業
增長爭鬥嫉妒心　投生殺戮羅刹道
報盡墮入地獄中　由我普賢廣大願
嫉妒爭鬥生起時　莫起怨恨心鬆坦
眞實覺了寬坦住　得證勝成所作智

失念不正及散亂　昏沉迷糊及忘失
昏睡懈怠愚癡者　果報畜生無依怙
由我普賢廣大願　令心愚癡黑暗者
顯露淨心住正念　得證法界體性智

三界所有諸眾生　眞如體性與佛等
失念故成顛倒因　不斷造諸無義業
猶如夢幻投六道　我即原始普賢佛

化身調伏六道眾　　由我普賢廣大願
令諸眾生一無餘　　皆得成就法界中

阿火

具慈瑜伽大力者　　了知自明離惑幻
已發如是廣大願　　聞此誓願諸眾生
於三世內必成佛　　尤於日蝕月蝕日
風災雷暴地震時　　冬至夏至或年節
自身觀修爲普賢　　敬誦此願於眾前
令諸三界有情眾　　由彼瑜伽行者願
滅苦解脫生死海　　獲證究竟佛陀位

（注：原始本初佛普賢王如來為度六道一切有情眾生，發不可思議勝妙大願，使一切有情眾生不由自主，超脫輪迴，即可成佛，功德無量。尤其在不吉祥、遇劫、大災大難或高山風口、江海岸邊、眾生聚集處念頌大願文，極其殊勝，無量功德，眾生聽聞後三世之內即可成佛。）

薩迦遠離四貪修心法要

漢譯：根松仁波切

嗡梭得生當

薩迦最殊勝的上師薩迦初祖貢噶寧波，十二歲時閉關修行文殊法六個月當中，一日親見文殊菩薩出現在眼前虛空光蘊中，法體桔紅，結說法印，三十二相像好莊嚴，坐在八寶獅子蓮花座上，兩大菩薩侍立左右。

至尊文殊親口對尊者說：

貪著此生非行者

貪欲三界非出離

貪戀自利非悲心

貪執二取非正見

如上至尊親傳之修行心要，稱作遠離四貪之修心法要。依此修行才能對一切諸法生起決定的信念。

薩美達麼特

道歌選錄

如願行

清淨千佛心　　自在大樂運
無著明空顯　　原本普賢慧

殊勝傳承師　　無派顯密融
五智五方壇　　妙法宇宙淨

如願千里行　　歡喜眾師徒
發心度有情　　同證菩提心

（注：仁波切帶領弟子參加普賢法幢功德殿開光法會，於歸來途中
所作。）

五方空行母道歌

法王唐東嘉波 / 著

根松仁波切 / 譯

哎瑪火！

東——金剛部主空行母

　　　白色法體持面鼓

　　　周遍白女萬眾聚

　　　妙鬘舞姿整又齊

　　　殊勝共同獲悉地

哎瑪火！

南——寶生部主空行母

　　　黃色法體持摩寶

　　　周遍黃女萬眾聚

　　　妙鬘舞姿整又齊

　　　殊勝共同獲悉地

哎瑪火！

西──蓮花部主空行母

　　紅色法體持蓮花

　　周遍紅女萬眾聚

　　妙鬘舞姿整又齊

　　殊勝共同獲悉地

哎瑪火！

北──事業部主空行母

　　綠色法體持十杵

　　周遍綠女萬眾聚

　　妙鬘舞姿整又齊

　　殊勝共同獲悉地

哎瑪火！

中──佛陀部主空行母

　　藍色法體持法輪

　　周遍藍女萬眾聚

　　妙鬘舞姿整又齊

殊勝共同獲悉地

哎瑪火！

尊——如佛指明解脫道，

殊勝無比如意寶，

眞實不虛唯一依！

祈願傳承上師祝吉祥！

祈願諸佛本尊祝吉祥！

祈願勇士空行祝吉祥！

祈願護法財主祝吉祥！

祈願金剛兄弟祝吉祥！

祈願山神土地祝吉祥！

祝吉祥！　　祝吉祥！

薩迦道歌

根松仁波切 / 譯

諸佛聖賢外在之上師
自性明空內在之上師
自他離戲眞實之上師
無二法藏正覺之上師

顯空明空諸佛壇城現
聲聲空妙深密梵咒音
自性原本明空之法體
輪迴涅槃無二證菩提

遙望古剎如卷畫

【附錄】
利生事業

　　仁波切主持瓦拉寺和德欽寺以來，為建設寺院、培育僧才、改善僧眾的修行和生活條件，投入了大量的人力、物力，並將藏漢弟子所有的供養悉數用於弘法利生事業。經過短短幾年時間，兩座寺院的面貌煥然一新，僧眾的素質也獲得一致的好評。

　　仁波切於二〇〇〇年在瓦拉寺創辦了瓦拉五明佛學院，內設身、語、意的功德和外部水電及綠化，不論學院的師資水

瓦拉五明佛學院

準、生活條件還是教學環境都堪稱一流，是眾多學僧夢寐以求的學修聖地。學院免費提供住房與生活用具給學僧，每月發放師僧生活補助及學期獎學金。另外也開辦電腦和漢語培訓班，全面提升學僧的綜合素質。自創辦以來，學院已培養出一批學修兼優的僧才，他們在參加本傳承所有佛學院聯合舉行的佛學理論考試，以及辯經法會中，均取得優異成績，為學院爭取極高的榮譽，如今常住學僧有近兩百人。仁波切還在瓦拉寺新建

道果大殿局部

了上師殿，修繕了大殿的金頂，塑造了紫檀大黑苯護法像，重修閉關房和藏醫院，建造山門、瓦拉河護堤，並捐資建設瓦拉大橋等。

仁波切在德欽寺建造了道果大殿、當曲登巴尊者靈塔功德寶殿、普賢法幢功德殿、護法殿等，並新建了大量僧房和閉關房，開闢了直達寺院的盤山道路等。

德欽寺各大殿內供奉四百部大藏經（每部一百零二卷）和各種珍貴法物。

道果大殿高五層，殿內供奉三層樓高的主尊金剛持紫銅鎦金像和千尊金剛持紫銅鎦金像、三公尺多高的當曲登巴尊者紫銅鎦金像和尊者的靈塔、手工打造的道果傳承七十多位歷代傳承上師的紫銅鎦金像等。

形如五方佛壇城的見解脫塔——當曲登巴尊者靈塔功德寶殿，中央大殿內供奉兩百部大藏經、德格舊版甘珠爾、丹珠爾各一套、兩公尺高的當曲登巴尊者紫銅鎦金像、一點三公尺高的五方佛紫銅像，和千尊水晶寶塔等；四方殿內供奉四套毗瓦巴、薩迦五祖、俄欽、擦欽等八位道果傳承祖師的紫銅鎦金像。寶殿的外面圍繞著手工打造的紅銅轉經輪，經輪內裝藏了六十部大藏經。

當曲登巴尊者靈塔功德寶殿

普賢法幢功德殿

　　普賢法幢功德殿（千佛空行殿）外的石階中央是大型的九
龍壁浮雕，大殿外牆中央是三公尺多高的空行母傳承祖師浮
雕，兩側為四大天王浮雕。大殿右側供奉高一點三公尺的主尊
空行母像，用印度老山白檀木精雕而成，立於紅檀木雕刻的空
行母壇城中央，四周供奉尼泊爾訂製的千尊空行母紫銅像；左
側供奉高一點三公尺的主尊普巴金剛和千尊普巴金剛紫銅像
等。

　　在德欽寺廣場，供奉著福建著名的石雕工匠精心雕刻的具

藏地風格的佛陀、十六羅漢和傳承祖師石雕像，以及佛陀十二宏化、十五神變圖、十六羅漢、四大天王、密乘八大傳承祖師、上師、本尊、空行、護法、密乘法器、雪域吉祥聖物等近百幅高約一公尺的石雕唐卡壁畫，栩栩如生，為藏漢兩地所僅見。

在德欽寺廣場周邊，建造了由百餘座高五公尺以上的菩提塔組成的白塔群，成為信眾繞塔經行之所依。沿德欽寺盤山車道側邊，也新建了百餘座菩提塔。

德欽寺各項工程的規劃、設計、施工，均由仁波切親自主持完成。

仁波切還分別為瓦拉寺、瓦拉五明佛學院和德欽寺添置了大批珍貴的法器、法物，配置了卡車、客車，完成了為各寺院通水、通電工程。每月為數百名佛學院師僧和德欽寺僧眾、閉關僧眾等發放生活費。

仁波切對各傳承寺院也給予無私的幫助，如章陀寺、楞紮寺、登多寺、唐龍寺、巴群寺、卡多寺、宗紮寺、赤索寺、卓隆寺、波勒寺、東程寺、俄日寺、那爛陀寺、宗薩寺、德格寺、覺拉寺、紮摩寺、顯宗寺、歇武寺、貢薩寺、拉布寺、土登寺、結古寺、禪古寺、熱那寺、多蘇寺、然丹寺、囊然寺、

格摩寺、康久寺、宗薩閉關中心、赤索閉關中心、眾多尼僧道場等，在此無法一一列舉，仁波切都給予力所能及的資助。

　　仁波切平時省吃儉用，把信眾的捐資發心、弟子們的供養、仁波切的私有房產、稿費、講經說法的收入、及弟子們幾次供養的購車款等，悉數用於弘法利生事業，獨力完成了以上各項功德。

　　為感謝廣大弟子信眾的發心和供養，仁波切多次組織寺院僧眾為他們誦經做法事，迴向功德。二〇〇五年，仁波切在北京親自帶領八十多名僧俗弟子，免費為弟子信眾裝藏寶瓶，歷時八個多月，嚴格遵照儀軌，裝藏開光了景泰藍工藝精心製作的吉祥自在如意王寶瓶千餘尊，回報眾生。

　　二〇〇九年末，川藏交界處金沙江流域的民眾和多所寺院懇請仁波切主持籌建鐵橋。兩岸由於沒有橋樑，皆用牛皮筏渡江，近年來已有近百人溺水身亡。仁波切悲憫眾生疾苦，發心建造救命橋，遂向弟子信眾和善心人士募集資金，並得到當地政府的支持。目前跨渡近兩百公尺的金沙江鐵索斜拉橋正在籌建中。

　　二〇一〇年玉樹藏區地震後，仁波切帶領弟子親赴玉樹結古鎮，為損毀嚴重的薩迦結古寺、噶舉禪古寺捐資，重建寺

院，並捐贈數百頂帳篷等物資支援災區。其後，仁波切又回到玉樹稱多縣，修復被地震損壞的自己閉關多年的空行道場，修復重建了上師宮殿、上師閉關洞和二十多間尼僧閉關房，並新建了百餘座菩提塔。

　　近年來，在玉樹藏區的幾次雪災中，仁波切向全國各地、香港及海外募集救災物資和款項，支援救災，被當地政府授予「愛心大師」稱號。

　　二〇一一年，仁波切正在新建一所薩迦派的佛學院。佛學院占地面積一萬多平方公尺，三層大殿建築面積約三千平方公尺，兩棟教學樓約八百平方公尺，僧舍約三千平方公尺，所有建築均為鋼筋水泥框架結構。到目前為止硬體投資一千兩百多萬元，預計二〇一一年底可建成投入使用。

獅面護輪